図解

いちばんやさしく丁寧に書いた

定年前後の本

'24-'25年版

成美堂出版

はじめに

定年は人生の大きな節目ですが、年金の受給開始は65歳まで引き上げられ、60歳を過ぎても働くことが一般的になっています。こうした時代の変化もあり、ひとことで「定年」といってもその時期や形は人それぞれ異なります。自分自身でしっかり計画して備えておくことが必要です。

定年後の生活には、不安もあれば期待もあるでしょう。新しい生活の始まりに向けて家族でよく話し合い、自分たちに合った暮らし方を考えます。

また、定年前後にはさまざまな手続きが必要になります。いつどんな手続きを行うのか確認しておきましょう。

本書では、まずプロローグとして、定年後の生活の基本的な変化やポイントについて解説しています。ライフプラン作成のヒントとしてください。その後に、年金、雇用保険、健康保険、税金等について、さらに将来への備えとして、介護保険、相続について、それぞれ章を設けて解説しています。いずれも基本的な内容を中心に専門用語などはひかえて、図表などを多く使うことで、わかりやすい説明を心がけました。

本書が、皆様の定年後の幸福な暮らしのお役に立てば、心からうれしく思います。

令和６年５月

株式会社 マネースマート

プロローグ
定年後の暮らしを考える

第１章 年金の基本知識と手続き

第 2 章 雇用保険の基本知識と手続き

第３章 健康保険の基本知識と手続き

第4章 退職金・税金の基本知識と手続き

第5章 介護保険の基本知識と手続き

第6章 相続の基本知識と手続き

巻末資料

本書の内容は、原則として令和６年４月現在の情報に基づいて作成しています。
制度などご利用の際は必ず最新の情報をご確認ください。

本書の構成

「定年前後」の しっかり準備を応援します

誰にとっても「定年」は初めての体験です。
本書では定年前後からの暮らしやライフプラン、必要な手続きについて、７つに分けて解説しています。疑問や不安を解消していきましょう。

定年後の生活の変化が知りたい！

定年退職すれば、長年勤めた会社を辞めることになります。どんなふうに生活が変わるのか知りたいです。

定年後も働いたほうがよい？

定年退職とはいえまだまだ元気ですし、蓄えが十分かどうかもよくわかりません。引き続き働いたほうがよいのでしょうか。

プロローグ
定年後の暮らしを考える

23ページから

先生からひとこと

定年後は自宅中心の生活です。収入は減りますが自由な時間が増えるでしょう。自分らしい新しい暮らしを見つけましょう！

年金はいつからいくら？

会社を辞めた後は、年金があるからなんとかなるだろうと思っていましたが…ニュースで「老後資金は××万円不足！」などといっているのを見ると不安です。

第1章 年金の基本知識と手続き

57ページから

先生からひとこと

まず自分たちの年金を必ず確認したうえで、不足するなら対応を考えます。繰り上げ受給や繰り下げ受給など、年金制度を活用する知識を身につけます。

再就職までの生活費はどうする？

定年後は再就職を考えていますが、仕事を探している間の生活費などはどう準備すればよいでしょうか。

第2章 雇用保険の基本知識と手続き

111ページから

先生からひとこと

定年退職後に再就職先を探すなら、雇用保険の基本手当を受けましょう。雇用保険には、職業訓練などへの給付もあるので、チャレンジに役立てましょう。

退職後の健康保険はどうなる？

ずっと会社の健康保険に入っていましたが、退職した後には健康保険はどうなりますか。収入が減ると保険料の負担も大きくなるのでは？

第3章 健康保険の基本知識と手続き

141ページから

先生からひとこと

会社を辞めた後の健康保険（公的医療保険）にはいくつかの選択肢があります。それぞれ手続きや保険料の変化を確認しておきましょう。高額療養費制度など役立つ制度も知っておきます。

税金で必要な手続きとは？

源泉徴収だったので税金を意識したことがありません。会社を辞めると、税金の手続きや確定申告が必要なのでしょうか。

第4章 退職金・税金の基本知識と手続き

159ページから

先生からひとこと

会社員時代は、税金についてあまり考えたことがない人も多いもの。定年後は、どんなときにどんな税金を納めるのか、確定申告の要不要などの知識を身につけましょう！

介護にどう備える

将来を考えたとき、親や家族、自分自身の介護について、費用や生活にかかる負担のことが不安です。

第5章 介護保険の基本知識と手続き

181ページから

先生からひとこと

介護については、何より早くから家族で話し合っておくことが大切！　介護する人・される人を支えるためにつくられた介護保険をしっかり活用しましょう。

相続にどう備える

親が亡くなったとき、その財産をどうするか、どんな手続きが必要なのかわかりません。どんな準備をしておくべきでしょうか。

第6章 相続の基本知識と手続き

197ページから

先生からひとこと

相続は手続きに手間がかかり、家族のトラブルにもなりやすいもの。生前からの話し合いや対策が重要です。財産リストや遺言書があると安心度は高くなります。

これからの必要金額をチェック

定年後の家計を考えるには、まず収入と支出の現状を把握して、資金計画を立てていく必要があります。支出の把握や今後の予測は難しいものですが、この機会にざっくり計算してみましょう。収入の柱は年金ですが、定年後に働いて得る収入も重要です。

これからの支出と収入をつかむ

これからの支出

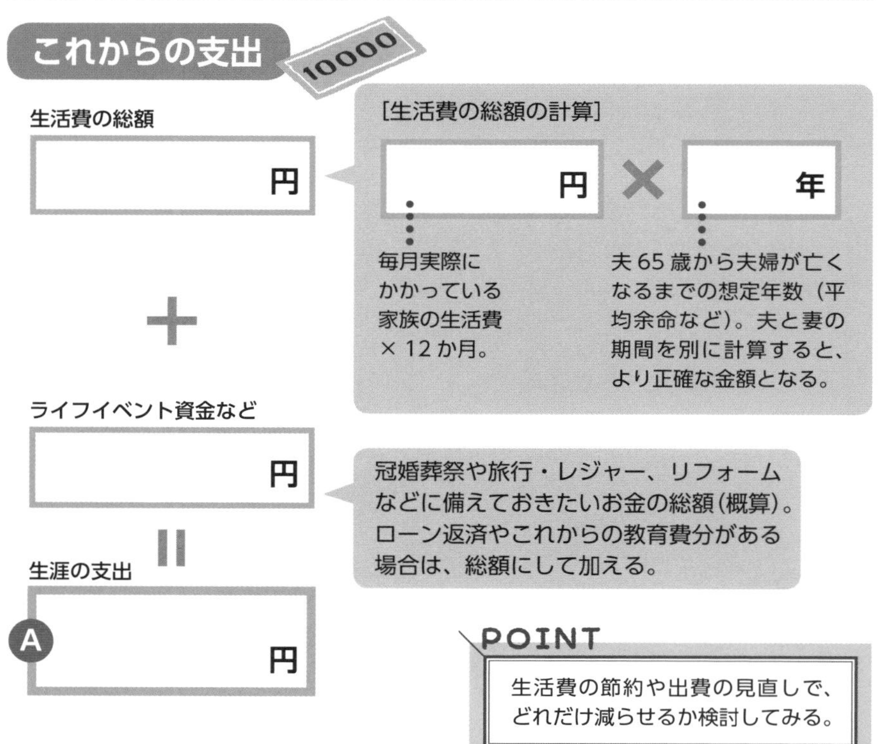

10000
生活費の総額
円
[生活費の総額の計算]
円
×
年
毎月実際にかかっている家族の生活費×12か月。
夫65歳から夫婦が亡くなるまでの想定年数（平均余命など）。夫と妻の期間を別に計算すると、より正確な金額となる。
＋
ライフイベント資金など
円
冠婚葬祭や旅行・レジャー、リフォームなどに備えておきたいお金の総額（概算）。ローン返済やこれからの教育費分がある場合は、総額にして加える。
＝
生涯の支出
A
円

POINT

生活費の節約や出費の見直しで、どれだけ減らせるか検討してみる。

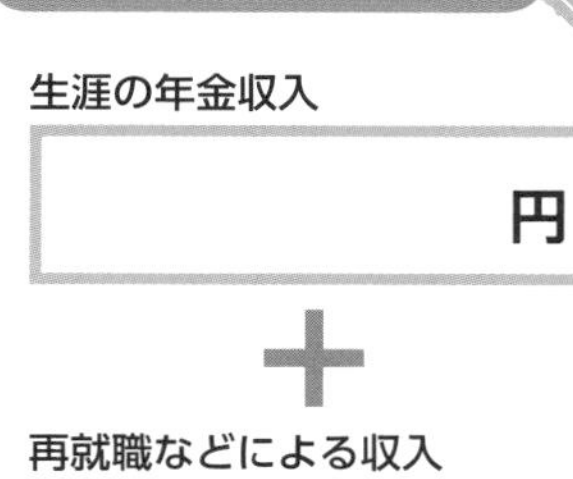

これからの収入

生涯の年金収入

[　　　　　　円]

夫の年金と妻の年金の合計額。それぞれ「1年間の年金額×亡くなるまでの想定年数」で計算する。

＋

再就職などによる収入

[　　　　　　円]

想定する給与の年額に働く年数を掛けて計算する。

＋

退職金、企業年金、個人年金など

[　　　　　　円]

＝

生涯の収入

B [　　　　　　円]

POINT

働く期間の延長や年金の繰り下げ受給などによる収入増も検討してみる。

不足金額を計算

生涯の支出

A [　　　　　　円]

－

生涯の収入

B [　　　　　　円]

＝

65 歳以後の不足金額

[　　　　　　円]

チェック！

不足金額は資産（預貯金、不動産、有価証券など）で補塡できるか。ただし、資産は医療や介護に備える費用であることにも注意する。支出や収入の見直しも必要。

定年からの
働き方選択チャート

60 歳以降の定年後も、なんらかの形で働くことが一般的になっています。
得られる収入は資金計画の柱の１つですが、いつまで何のために働くのか、あらためて考えてみたいところです。
定年からの「働き方改革」に取り組んでみましょう。

自分の「働き方」を選んでみよう

60 歳定年
会社によっては、定年年齢が引き上げられていることもある。

働く

働かない
（リタイア）

- ボランティアなどで経験や知識を生かして、地域や社会に貢献したい。
- 学校などで学び直しをしたい、趣味に集中したい。 など

60 歳以上の人が仕事をしている理由

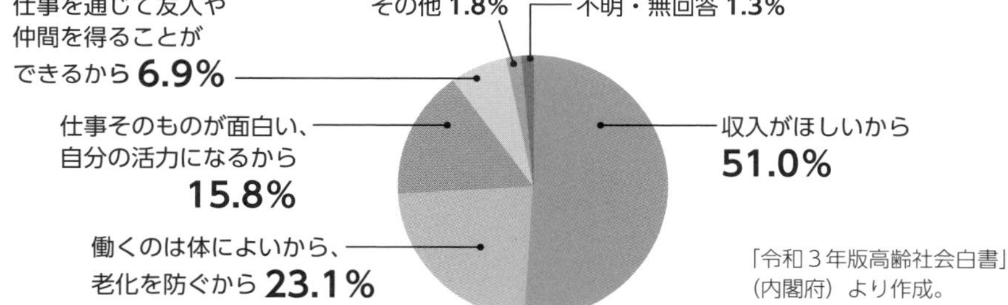

「令和３年版高齢社会白書」（内閣府）より作成。

選択のポイント

- □ 何のために働くか（収入、生きがい、社会貢献など）。
- □ 年金受給とどう組み合わせるか（繰り上げ、繰り下げ受給の活用など）。
- □ いつまで働くか（完全リタイアのタイミング）。
- □ 生涯収支がマイナスにならない働き方かどうか。

再雇用や継続雇用で働く

メリット

- 慣れた環境で働くことができる。

デメリット

- 肩書や職務内容が変わり、収入も下がることが多い。
- 契約は65歳終了の場合がある（その後の働き方の検討が必要）。

再就職する （→ 34 ページ）

メリット

- 新しい環境、新しい仕事にチャレンジできる。
- 収入や働く期間を自分で決めて仕事探しができる。

デメリット

- 希望通りの条件（職種や収入など）の仕事に就けるとは限らない。

起業する、個人で働く （→ 36 ページ）

メリット

- 自分のやりたいことを仕事にできる。
- 定年はないため、働く期間は自分で決められる。

デメリット

- 事業は失敗する可能性がある（十分な準備と資金計画が必要）。

何歳ごろまで仕事をしたいか

（現在収入のある仕事をしている 60 歳以上の人の回答）

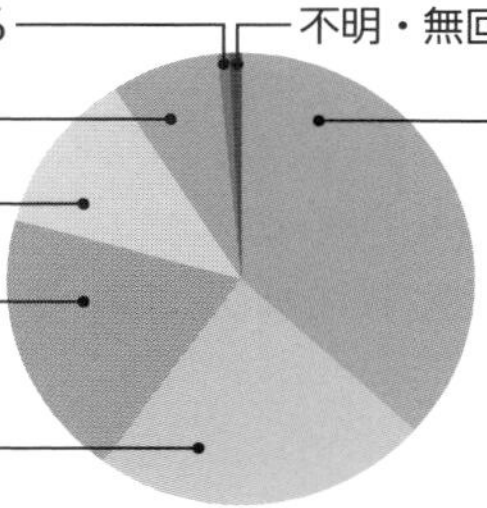

働けるうちはいつまでも	36.7%
70 歳くらいまで	23.4%
75 歳くらいまで	19.3%
65 歳くらいまで	11.6%
80 歳くらいまで	7.6%
仕事をしたいとは思わない	0.8%
不明・無回答	0.6%

「令和３年版高齢社会白書」（内閣府）より作成。

定年前後の手続きスケジュール

定年退職の前後は、さまざまな手続きが必要です。
退職後に進むコースによっても異なります。
基本的な手続きのタイミングや内容を押さえておきましょう。

定年までに

年金

- [ ] もらえる年金について調べておく。
- [ ] 受給開始年齢までの資金計画を検討する。
- [ ] 年金手帳の有無を確認する。
- [ ] 企業年金の支給内容や請求手続きを確認する。

雇用保険

- [ ] 退職後の再就職を検討する（基本手当を受給するかどうか）。
- [ ] 雇用保険被保険者証の有無を確認する。ない場合は再発行してもらう。
- [ ] 会社が作成した離職証明書の内容を確認する。

公的医療保険

- [ ] 退職後の公的医療保険の選択を検討する。

税金や退職金など

- [ ] 会社の退職金制度を確認する。
- [ ] 退職金をもらえる場合は、会社に退職所得の受給に関する申告書を提出する。

定年のとき

- 会社から年金手帳、雇用保険被保険者証を受け取る（会社保管の場合）。
- 健康保険証を会社に返却する。
- 〈退職金をもらった場合〉退職所得の源泉徴収票を受け取る。
- 必要があれば、最後の給与で未納分の住民税を精算する。

〈再雇用などで元の会社で働く場合〉

- あらためて会社と労働契約を結び、雇用保険や社会保険（健康保険、厚生年金）に加入する。

定年後すぐ～

年金

配偶者が60歳未満なら

退職の翌日から14日以内

市区町村役場で配偶者の国民年金の種別変更手続きを行う（第３号被保険者→第１号被保険者）。

受給開始年齢になる３か月前

年金請求書などが送られてくる。

受給開始年齢になったら

年金事務所などで年金請求手続きを行う。

企業年金がある場合

企業年金の請求手続きも行う。

雇用保険

退職から１週間～10日程度

会社から離職票-1、離職票-2が送られてくる。

基本手当を受給する場合

すみやかに

ハローワークで求職の申し込みをする。
求職活動を始める。

失業認定日ごとに

ハローワークで失業認定を受ける（基本手当の振り込み）。受給期間終了または再就職まで繰り返す。

公的医療保険

任意継続なら

退職の翌日から20日以内

加入していた健康保険組合などで手続きを行う。

国民健康保険なら

退職の翌日から14日以内

市区町村役場で加入手続きを行う。

家族の被扶養者になるなら

退職の翌日から５日以内

家族の会社を通して被扶養者届を提出する。

税金

退職の１～２か月後

住民税の納税通知書が送られてくる。納付書により住民税を納める。

退職の翌年１月ごろ

会社から給与所得の源泉徴収票が送られてくる。

確定申告をする場合

退職の翌年2月16日～3月15日（土日の関係で多少ずれる）

住所地の税務署などで確定申告をする。還付申告なら１月から受け付けている。

こんな人は確定申告をする（例）

- 退職所得の受給に関する申告書を提出していない。
- 年の途中で退職して年末調整を受けていない。
- 公的年金等受給者の扶養親族等申告書を返送していない。

その後

年金

請求手続きの1～2か月後

年金証書と年金決定通知書が送られてくる。

年金証書の到着から1～2か月後

年金の支給が始まる。偶数月に2か月分の年金が振り込まれる。

毎年9～11月ごろ

公的年金等受給者の扶養親族等申告書が送られてくる場合、すみやかに日本年金機構に返送する。

［年金受給者が亡くなった場合］

すみやかに

未支給年金の請求や遺族年金の請求を行う。

雇用保険

［65歳をすぎて求職の申し込みをする場合］

高年齢求職者給付金（一時金）をもらうことができる。

公的医療保険

［任意継続を選んだ人の場合］

任意継続の期間終了後（最長2年間）

市区町村役場で国民健康保険の加入手続きを行う。

65歳になったら

介護保険の第1号被保険者となり、介護保険被保険者証が送られてくる（手続きは不要）。

75歳になったら

それまでの公的医療保険から、後期高齢者医療制度に加入する（手続きは不要）。

税金

年金受給中、毎年1月ごろ

公的年金等の源泉徴収票が送られてくる。

［確定申告をする場合］

該当する所得や控除などがあった年の翌年2月16日～3月15日（土日の関係で多少ずれる）

住所地の税務署などで確定申告をする。還付申告なら1月から受け付けている。

こんな人は確定申告をする（例）

- 年金以外に年20万円を超える所得がある。
- 多額の医療費を支払った。
- ふるさと納税をした（ワンストップ特例を利用しない場合）。

［贈与税の申告をする場合］

贈与の翌年2月1日～3月15日（土日の関係で多少ずれる）

贈与税の申告をする。

最新の制度改正に注目

年金などの社会保険、雇用保険、税金などは、毎年のように改正が行われ、制度が変わります。ここ最近の改正とこれからの改正のうち、主に定年退職者にかかわるものをピックアップしました。

年金／医療／介護

□ 65歳以上の高所得者の介護保険料が引き上げられた　令和6年4月から

- 65歳以上（第1号被保険者）の介護保険料の区分が細分化され（標準9段階→13段階・市区町村により異なる）、所得420万円以上などなら引き上げとなった。
- 住民税非課税世帯の保険料は引き下げられた。

□ 働く人の社会保険加入の範囲がさらに広がる　令和6年10月から

- 従業員51人以上の会社で働く短時間労働者＊が、厚生年金／健康保険の加入対象となる。
- これまでは従業員101人以上の会社（令和4年10月～）。

＊週の所定労働時間20時間以上、給与月額8万8000円以上、2か月超の雇用見込み、学生でないこと。

□ 健康保険証が廃止される　令和6年12月2日

- 現行の健康保険証の新規発行が終了し、マイナンバーカードに保険証機能を持たせた「マイナ保険証」へ移行する。
- 廃止から最長1年間は現行の保険証を使用できる。マイナ保険証を持っていない人は「資格確認書」が発行される。

税金

□ 定額減税が行われる　令和6年6月以降

- 令和6年分の税額で、納税者、同一生計の配偶者、扶養親族について、1人あたり所得税3万円、住民税1万円の合計額が減税される。
- 給与所得者、公的年金受給者は源泉徴収税額などから減税（手続き不要）。
- 所得1805万円超（給与収入2000万円超）の人は対象外（原則）。

相続・贈与

□ 生前贈与の加算期間が長くなった

令和６年１月の贈与から

- 相続税の対象となる相続開始前の贈与の期間が、３年から７年に延長された。
- 延長された４年間の贈与は、合計 100 万円まで相続財産に加算しない。
- 令和６年１月以降の贈与が対象（令和９年１月の相続から段階的に延長）。

□ 相続時精算課税制度が見直された

（→ 220 ページ）

令和６年１月から

- 相続時精算課税制度による、年 110 万円までの贈与は非課税になった。申告も不要。

□ 相続登記が義務になった

令和６年４月から

- 亡くなった人の不動産を相続した場合、３年以内の相続登記（所有権の移転登記）が義務になった。
- 令和６年３月以前に相続した不動産は、施行日（令和６年４月１日）から３年以内。
- 期限までに相続登記をしていないと、10 万円以下の過料となる可能性がある。
- 氏名や住所などに変更があった場合の変更登記は、変更から２年以内の登記が義務になる（令和８年４月から）。

３年以内の相続登記

その不動産の相続を知った日（亡くなった日など）

▼ 1年 2年 → ３年以内

その不動産の所在地を管轄する法務局（登記所）に登記申請する

- 遺産分割協議が長引きそうな場合など、簡易的な「相続人申告登記」をしておくこともできる。

投資

□ 新 NISA がスタートした

令和６年１月から

- NISA、つみたて NISA が統合されて恒久的な制度となった（新 NISA）。非課税期間の制限もなくなった。
- 「つみたて投資枠」（投資上限額年 120 万円）と「成長投資枠」（投資上限額年 240 万円）が設けられた（併用可）。
- 生涯の非課税限度額が設けられた（合計 1800 万円・うち成長投資枠は 1200 万円）。
- これまでの NISA、つみたて NISA は、それぞれの対象期間まで、新 NISA とは別枠で引き続き利用できる。

プロローグ

定年後の暮らしを考える

INDEX

定年後の計画は生活を具体的にイメージする

定年後の時間は思った以上に長い。充実した暮らしを送るために必要なのは、現役時代からしっかり計画を立てておくこと。

■定年後の変化に備える

定年退職は新しい人生のスタートです。たとえば65歳の人の平均余命は男性19.44年、女性24.30年（「令和4年簡易生命表」）となっています。定年後の時間は思っている以上に長いものです（→右ページ）。

定年は大きな変化のときでもあります。生活環境が会社中心から自宅中心に移り、加齢により体力は低下し、多くの場合、収入が減って自由な時間が増えることになります。とはいえ、定年後も引き続き働くことは一般的になっており、完全リタイアまでの道のりは人それぞれです。こうした変化に対して、期待もあれば不安もあるでしょう。心がまえや準備をしておきます。

■定年後の生活は３つの柱で支える

定年後の充実した生活に欠かせない３つの柱があります。1つめの柱は「生きがい」です。退職後の生活を具体的にイメージして、やりたいことや新しい目標を思い描いてみましょう。2つめの柱は「お金」です。退職後の収入と支出を把握して、自分たちの資金計画を立てます（→14ページ）。

いくらやりたいことがあってお金があっても、心と体が健康でなければ実現できません。自分自身や家族が「健康」であることが必要です。これが3つめの柱です。定年後のプランを充実したものにするには、これら３つの柱のバランスがとれていることが重要です。

知っ得メモ　**老後資金は2000万円不足？**　老後に必要な金額は、条件が違えば結果は大きく異なる。マスコミの記事などにあわてることなく、実際に自分たちの収支を試算することが大切。

定年後のプラン　３つの柱

生きがい
人生の喜びは人によって異なる。どう働くか、どう暮らすか、どう楽しむか、よく考える。

お金
退職後は収入が減るため、資金計画が欠かせない。投資の活用も検討する。

健康
生活を楽しむための基本。医療や介護が必要になるとお金もかかってしまう。

３つの柱はそれぞれ関連していて、どれも欠かすことはできません。

参考 これから過ごす時間は今まで働いてきた時間より長い

65 歳から自分のために使える時間

１日の自由時間				平均余命（男性の場合）
12時間	×	**年365日**	×	**19.44年**
			＝	**約８万5147時間**

会社員の大学卒業・就職から 60 歳までの労働時間

		勤続日数（例）		勤続年数（例）
１日８時間	×	**年250日**	×	**38年**
			＝	**７万6000時間**

注・１日の自由時間 12 時間は、１日 24 時間から睡眠、食事、入浴などを除いたおおよその時間。

生活の楽しみ方

新しいことにチャレンジしてみよう

人生の働き方、暮らし方、楽しみ方は人それぞれ。「なんとなく」ではなく「張りのある」充実した生活を送ろう。

■生きがいは人それぞれ

家族、仕事、趣味、どんなことに生きがいを感じるかは人によって違います。喜びや楽しみの多い毎日は人生を豊かにして、脳の活性化やストレス軽減など、心の健康にとっても大きな役割を果たします。

定年後も働くなら、やりがいを感じられる働き方を考え、起業なども検討します。家族や友人と過ごす時間が好きな人は、家族やグループでできる趣味を探してみましょう。何かに打ち込みたい人は、健康増進を兼ねてスポーツを始めたり、学び直しにチャレンジしたり、楽器や社交ダンス、英会話など、時間をかけて取り組むのもよいでしょう。

人の役に立ったり、感謝されたりすることに喜びを感じるケースもあります。ボランティアや社会貢献について、情報収集してみてください。

■定年後の生活を思い描く

定年後の生活を具体的にイメージして、思いついたやりたいことをどんどん書き出してみましょう。家族や友人に話してみるのも大切です。子どもや学生のころ好きだったこと、仕事や子育てで忙しくてできなかったことなども思い出してみてください。

趣味などは今のうちから少しずつ始めておくと、定年後もスムーズに続けられます。定年後の長く自由な時間を満喫しましょう。

知っ得メモ　**シニア割引**　一定以上の年齢になると、映画館や美術館、新幹線や飛行機のチケットなどさまざまな割引制度が設けられている。出かけるきっかけにもなるので、情報収集を怠らない。

生きがいは人によってさまざま

高齢者はこんなときに生きがい* を感じている

＊生きていることの喜びや楽しみを実感すること。
注・60 歳以上の男女が対象。上位の 8 項目を抜粋。

子供や孫など家族との団らんのとき 55.3%	おいしいものを食べているとき 53.8%	テレビを見たり、ラジオを聞いているとき 48.5%	友人や知人と食事、雑談しているとき 45.5%
趣味に熱中しているとき 45.3%	旅行に行っているとき 34.7%	夫婦団らんのとき 32.0%	他人から感謝されたとき 28.2%

「令和2年度 第9回高齢者の生活と意識に関する国際比較調査」（内閣府）

生きがい探しの書き込みチェック

空欄に入る内容をどんどん考えてみよう。

- □ ［　　　　］をしている間楽しい、熱中できる。
- □ ［　　　　］をすることで充実感や達成感を得られる。
- □ ［　　　　］により目標をつくることができ、長く続けられる。
- □ ［　　　　］に価値や意義を見出せる。

健康寿命

心と体の健康が生活すべての土台

年齢とともに次第に体力は落ち、病気になることも増える。生活習慣を見直すことで、健康寿命をのばす。

健康な期間を長くする

日本人の平均寿命が長くなるのは喜ばしいことですが、晩年は寝たきりになったり、介護が必要になったりすることも多くあります。

日常生活が制限されることなく生活できる期間を健康寿命といいます。男性の平均は 72.68 歳、女性の平均は 75.38 歳で、平均寿命とくらべると約 10 年の差があります。**できるだけ長く人生を楽しむためには、この差をどれだけ縮められるかがポイントです。**

対策は今日から始める

健康寿命をのばすためには、生活習慣の見直しが大切です。食事は栄養バランスを考えて、食べ過ぎ、飲み過ぎを避けるのが基本です。運動も重要です。定期的にジムに通う、ウォーキングを始めるなど、積極的に体を動かす機会をつくります。先送りせずさっそく実践しましょう。**健康に関する情報はあふれていますが、無理なく長く続けられることが第一です。**

環境の大きな変化や加齢にともなう不安などで、心を病んでしまう人もいます。生きがいや目標をつくるなど、心の健康にも気を配ります。

会社に勤めていたときは年に１～２回受けていた健康診断も、定年後は自分で申し込むことになります。重大な病気や体の変化を見逃さないよう、確実に受けておきましょう。

知っ得メモ　**ロコモティブシンドローム（ロコモ）**　運動器の障害により、寝たきりなどの危険性が高まる症状。加齢や運動不足による筋力の低下が大きな原因となる。

健康寿命をのばそう

平均寿命と健康寿命の差は約 10 年

男性

平均寿命	81.41 歳
健康寿命	72.68 歳

その差は 8.73 年

女性

平均寿命	87.45 歳
健康寿命	75.38 歳

その差は 12.07 年

「令和５年版高齢社会白書」（内閣府）

健康寿命をのばすには日々の生活が大切

食生活

栄養バランスのとれた食事を腹八分目で。間食はしない。

運動

意識して体を動かす。ウォーキングや筋トレを習慣にする。

心の健康

ストレス解消を心がける。十分な睡眠をとる。

健診

定期健診だけでなく、がん検診や人間ドックなども受ける。

健康に関する知識や情報は、厚生労働省のe-ヘルスネット（https://www.e-healthnet.mhlw.go.jp/）などで得られます。

家族との関係

定年は家族との関係を見直す節目

定年後は家族（主に配偶者）と過ごす時間が長くなる。変化に対応して意識を変え、コミュニケーションをとることが必要。

■家庭での役割分担を見直す

定年後は自宅中心の生活となり、子が独立していれば、夫婦で過ごす時間が長くなります。現役時代、家のことを相手にまかせきりだったという人も多いでしょう。すぐ変化に対応するのは難しいかもしれませんが、これまでと同じというわけにはいきません。

1日中一緒にいると、何かと衝突も多くなりがちです。**お互いが協力しながらもそれぞれが自立した生活を持ち、ほどよい距離感を保つことが、円滑な夫婦関係を続けるポイントです。**

退職に向けて、家事などの役割分担を話し合っておきましょう。男性は積極的に家事を行うことで、生活にリズムが生まれ、日々の充実にもつながります。また、料理などが新たな楽しみになる場合もあります。

■子や親との関係も見直す

定年退職のとき、子が独立しているかどうかによって、定年後の資金計画は大きく変わります。定年後も教育費が必要ならその手当てについて検討しなければなりません。経済的な援助をいつまで行うかについても、子とよく話し合っておくよい機会です。

自分や配偶者の親との関係では、最も大きな心配は将来の介護です。本人の希望や資金準備など、早いうちに家族で相談しておきます(→182ページ)。

知っ得メモ　**おひとりさま問題**　将来夫婦どちらかが先立って、1人になったときの生活の変化や資金の問題。1人でも困らないよう家族で話し合って備えておく。

夫婦の時間が増えるとストレスも増す

お互いの言動に要注意

- 相手が出かけようとすると、どこへ行くのか詮索（せんさく）する。
- 出かけるとき、相手も来るよう強いる。
- 特に何もせずずっと家にいる。
- 家事について、手は出さないが口を出す。

- 相手の行動にきつく当たる。
- 会話をしない。

話し合って夫婦のあり方を見直す

- それぞれ１人でできる趣味などをつくる。
- 家事は役割分担する。
- 感謝の気持ちなどを言葉にして伝える。

これも知っておこう

定年離婚や卒婚を考える人も多い？

令和４年の離婚件数のうち、同居 20 年以上の夫婦の件数は３万 8990 組、全体の約 20％です（「人口動態統計月報年計（概数）」厚生労働省）。離婚に至らなくても、一定の距離を置きお互いに干渉しない「卒婚」も増えています。

定年という区切りは、離婚の機会にもなりかねません。現役時代から日ごろのコミュニケーションを大切に、問題は少しずつ修正しておきたいものです。

地域とのかかわり方

地域のなかで楽しさや人間関係を見つける

定年後は地域のなかで生活することになる。会社員時代の地位や肩書きを忘れ、新しい楽しみや人間関係を見つけたい。

地域デビューのすすめ

定年後は、会社中心の生活から自宅と地域中心の生活へ軸足を移すことになります。職場の人間関係が徐々に少なくなっていき、自宅の周辺には知人・友人がおらず、家に引きこもってしまう人もいます。

地域では、町内会や自治会、老人クラブなど、さまざまな組織やグループが多彩な活動を行っています。情報を集めて、興味のあるものがあれば気軽に参加してみましょう。これまで培ってきた知識や経験を生かせるような場を探すのもよいでしょう。

元会社員などが地域の活動に参加することを「地域デビュー」などといい、これを推進している自治体もあります。これまで出会うことのなかった新しい楽しみや生きがい、人間関係を見つけるきっかけにもなります。

地位や肩書きは忘れよう

地域デビューを成功させるには、会社員時代の意識を改めることが大切です。**会社員のときの地位や肩書きは、地域のなかでは役に立ちません。**年齢や性別、学歴などに関係なく、対等な相手として謙虚に接します。

これまで地域や近所とのかかわりがなかった人も多いでしょう。新参者として丁寧な態度を心がけます。自分なりの距離感で、ほどよいつながりをつくりましょう。

知っ得メモ　**ボランティア活動**　会社を辞めた後は、社会に貢献したいと考える人も多い。地域の社会福祉協議会やボランティアセンターで自分に適した活動を相談できる。

地域デビューの選択肢はたくさんある

何をする？

学び・趣味	スポーツ・レクリエーション	清掃活動
安全パトロール	防災活動	地域の高齢者や子どもの見守り

など

どこへ行く？

町内会・自治会	老人クラブ	社会福祉協議会
コミュニティカフェ	ボランティアセンター	生涯学習センター
NPO 法人		

など

POINT

情報は役場や図書館、公民館の掲示板などでも得られる。

地域デビュー6か条

1. 会社員時代の肩書きを持ち出さない
2. 男性は女性への言動に配慮を
3. 指示出しではなく、自分で動く
4. 相手の話は最後まで聞く
5. 趣味や特技はしっかりアピール
6. はりきりすぎない、無理をしない

定年後の働き方①

新しく働くならお金より やりがいを優先する

60歳以降も働くことが当然の時代。働き方は、自身のライフプランや資金計画と合わせて検討する。

■働くことのメリットを再確認

年金の受給開始がほぼ65歳からとなり、60歳の定年後も引き続き働くのが普通になりました。元の会社の再雇用で働く場合、収入は大きく下がるのが一般的で、多くは65歳までといった制約もあります。収入をしっかり確保したい、65歳以降も働きたい人は、再就職や起業も考えます。

働くことには、収入を得られるだけではなく、社会との接点を持てる、刺激を得られる、周りから必要とされる、規則的な生活ができ心身が安定するなど、さまざまなメリットがあります。こうした理由から、働ける限りは働きたいという人もたくさんいます。

■再就職は柔軟に取り組む

再就職先をハローワークなどで探す場合、年齢の問題もあり、希望通りの仕事を見つけるのが難しいかもしれません。柔軟な心がまえで、新しい仕事へのチャレンジも考えます。**住宅ローンや子の教育費の支出が終わっているなら、収入よりやりがいを重視してもよいでしょう。**

在職中から、専門分野や得意分野をみがく、有利な資格を取得する、情報収集に努めるなど、再就職に向けた準備も大切です。

履歴書など応募書類は丁寧に作成して、面接ではその会社でどんな貢献ができるのか、しっかりアピールしましょう。

知っ得メモ　**ITスキル**　再就職では、パソコンやインターネット、メールやSNS、テレワークによるやりとりに慣れていると、働き方や再就職の選択の幅が広がる。

年を重ねても働く人が増えている

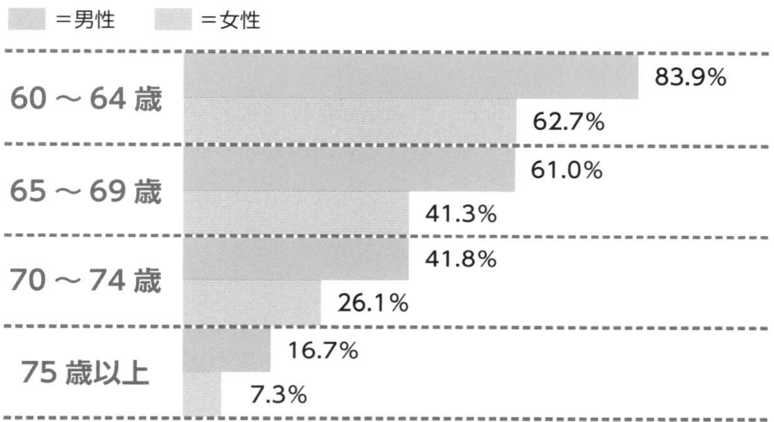

「令和5年版高齢社会白書」（内閣府）

参考　再就職の応募書類の書き方

履歴書

書き方のポイント

- 手書きなら誤字に注意して丁寧に書く。パソコンなら変換ミスに要注意。
- 学歴は一般に高校卒業から*。職歴の会社名などは、省略せず正式名称で書く。
- 志望動機は「応募先の会社にどんな貢献ができるか」という観点で書く。

職務経歴書

書き方のポイント

- 箇条書きを基本にしてA4用紙1～2枚程度にまとめる。
- 職歴は時系列、または職務分野ごとにまとめる。応募先の会社にアピールしやすいほうを選ぶ。
- 「どんなスキルを持っており、応募先の会社でどう生かせるか」を具体的に伝える。

＊職歴が多い場合は最終学歴のみでもよい。

定年後の働き方②

さまざまな働き方にチャレンジできる

自営業やフリーランスとして、個人でまたは会社をつくって働く方法もある。収入より、ゆったりした働き方を選ぶこともできる。

シニア起業でやりたい仕事に取り組む

起業による自営業・フリーランスという働き方もあります（シニア起業）。**自分のやりたいことを仕事にでき、これまでの知識や経験を生かせます。定年がないため、自分でいつまで働くかを選べるメリットもあります。**特に、仕事に生きがいを求める人は検討してみましょう。

起業を考えるなら、現役時代からの入念な準備が大切です。事業の課題や方針を整理して、資金調達方法を考え、人脈をつくっていきます。副業として始めてみるのもよいでしょう。自治体などの「創業サポート」に相談して事業計画書をつくり、客観的に事業をとらえてみることも必要です。

個人事業なら、税務署に「個人事業の開業・廃業等届出書」を提出してスタートします。会社を起こす場合は、法務局での登記が必要となるため、手続きはやや煩雑になります。できるだけ初期投資は抑え、助成金などをしっかり活用しましょう。

地域に貢献する働き方もある

退職後は自分のペースでゆったり働きたい、また、再雇用などで労働時間が短くなったため、あいた時間でアルバイトなどをしたい人は、**シルバー人材センターに登録して、主に短期の仕事を引き受ける働き方もあります。**自分の経験などを、地域貢献に生かせます。

知っ得メモ　**新規開業資金**　日本政策金融公庫が55歳以上の人などの起業に対して行う、低利の融資制度。融資限度額は7200万円（うち運転資金は4800万円）。

個人事業の開業手続き

個人事業の開業・廃業等届出書を提出する

いつまで／どこへ

開業後１か月以内（原則）に住所地を管轄する税務署へ

POINT

市区町村役場や都道府県税事務所には、「個人事業開始申告書」（名称や提出期限などは自治体により異なる）を提出する。

個人事業の開業・廃業等届出書

青色申告を行う場合

所得税の青色申告承認申請書を提出する

いつまで／どこへ

開業後２か月以内（原則）に住所地を管轄する税務署へ

POINT

人を雇う場合には、給与の源泉徴収に関する届け出（税務署）、社会保険に関する届け出（年金事務所）などが必要になる。

会社の場合は、定款の作成や法人登記が必要となり、手続きは複雑になります。

これも知っておこう

青色申告にはたくさんのメリットがある

事業について青色申告を行うと、年に最大65万円の青色申告特別控除を受けられ、所得税が軽減されます。上記の届け出を行うとともに、複式簿記により帳簿をつけて決算を行うことなどが条件です。

そのほか、今年の赤字を翌年の利益と相殺して税金を減らせる「純損失の繰越控除」などを受けられるメリットもあります。

投資の基本

リスクがあるため必ず余裕資金で行う

定年後の資金計画では、投資による資産運用も検討する。リスクとリターンの関係など、基本的な知識が必須になる。

老後資金の充実には投資を考える

定年後の資金をより充実させたり、退職金を有効に生かしたりするために、投資を活用する方法があります。**必ず生活に支障のない余裕資金の範囲で行います。**余裕資金とは、収入や手元の貯蓄のうち、毎日の生活に必要なお金と使いみちが決まっているお金、急な出費に備えるお金を除いた残額です。

計画的に少額から少しずつ始めましょう。受け取った退職金を一度に投資につぎ込むなどはもってのほかです。また、いくら有利だからと勧められても、しくみのわからない金融商品には手を出してはいけません。投資に「おいしい話」はないと肝に銘じておきましょう。

収益性ばかりにとらわれない

金融商品には、**安全性（投資したお金は減らないか）、流動性（お金に換えやすいか）、収益性（どれくらい利益を見込めるか）という３つの特性があります。**３つすべてを満たす金融商品はありません。目的や運用期間などからどの特性を重視すべきか考えます。

投資により期待できる収益をリターン、リターンの変動幅（収益のブレ）をリスクといいます。大きなリターンを得られる商品は、リスクも大きくなります。リスクには、金利変動リスク、価格変動リスク、為替リスクなどがあり、事前にその金融商品が持つリスクを確認しておきます。

知っ得メモ　**リスク許容度**　投資で「どれくらいのリスクを引き受けられるか」を決めること。収入や資産の状況、年齢（一般に高いほど許容度は低い）、投資の経験などから考える。

代表的な金融商品と特徴

預貯金	預けている間、一定の利子を受け取れる。1000 万円までの元本とその利息は保証される。
債券	国や自治体などが資金調達のために発行するもの。保有することで定期的に一定の利子を受け取り、満期まで保有すると元本が償還される(原則)。
投資信託	運用の専門家が株式や債券などをパッケージにして運用する。値上がり益や分配金が期待できる。
株式	会社の発行する株式を買って運用する。値上がり益や配当金が期待できる。基本的にハイリスク・ハイリターンの金融商品。
外貨投資、FX	海外の通貨・市場に投資する金融商品。為替の変動や金利の差により収益をねらう。

リスク(収益のブレ):低い ↔ 高い
リターン(収益の期待):低い ↔ 高い

注意!
話題の金融商品に暗号資産(仮想通貨)がある。オンライン上の「財産的価値」として取引されるものだが、ハイリスク・ハイリターンのため定年後の投資には向かない。

注・リターンとリスクの高低はめやすであり、それぞれ商品の内容によって異なる。

投資の実践

定年を迎える人の投資は「守り」が鉄則

定年後に行う投資では、大きな利益を追求するのを避ける。長期・分散・積立を心がける。

リスクはできるだけ分散させる

定年後の投資（資産運用）は手堅く行わなければなりません。そのため、金融商品は安全性に注目して、リスクが大きいものは避けます。

リスクは投資方法によっても、ある程度コントロールできます。たとえば、**値動きの異なる資産（株式と債券、国内と海外など）に幅広く投資する分散投資なら、集中投資にくらべ一度に大きな損失を受けるのを避けられます。**

一時的な値動きにまどわされず、長期間コツコツと運用を続ける長期投資もリスク軽減に有効です。長期投資では、定期的に一定額を買う積立投資を行うことで、初心者には難しい売買のタイミングなどを考える必要がなく、自動的に価格が高いときに少なく、低いときには多く買えます。

投資信託は手数料のことも考える

比較的始めやすい金融商品に、少額で分散投資ができる投資信託があります。株式や債券など複数の投資先をセットにしてプロが運用し、運用成果が分配されるしくみです。活用する際には、購入時、保有時、解約時の手数料（コスト）も合わせて考えます。また、**投資で得た利益には 20.315% の税金がかかりますが、NISA（少額投資非課税制度）を活用すれば、株式や投資信託などの配当金や売却したときの譲渡益を非課税にできます**。令和６年から、より有利な制度になっています。(→右ページ)。

知っ得メモ　**インデックス型**　株価指数との連動をめざす投資信託のタイプ。一般にシンプルでわかりやすく、コストが低く抑えられる。

投資で失敗しないためのキーワード

「分散」

投資先を複数にすることで、一度に大きな損失を受けるのを避けられる。たとえば、株式と債券（資産の分散）、国内と海外（地域の分散）など。

「長期」

金融商品をできるだけ長期間保有して運用する。一般に運用期間が長くなるほど、価格変動リスクを小さくできる。

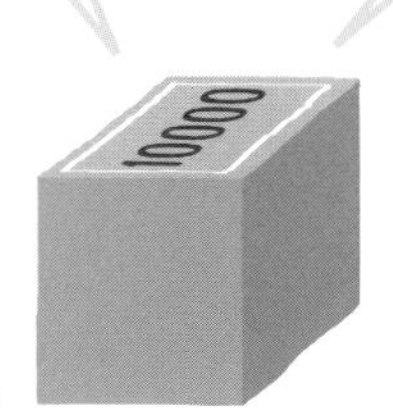

投資の資金

生活に支障のない余裕資金であること。

「積立」

定期的に一定額を買って運用する。売買のタイミングなどにまどわされずにすむ。購入単価を平準化できる。

これも知っておこう

NISAが統合されてもっと有利な制度に変わった

NISAは、令和6年にこれまでのつみたてNISAとNISAが統合され、期間制限のない恒久的な制度になりました。投資できる金融商品の違いにより、つみたて投資枠（年間の投資上限額120万円）と成長投資枠（年間の投資上限額240万円）があり（併用可・合計360万円）、1つの口座で利用できます。わかりやすく使い勝手のよい制度になりました（→22ページ）。

PICK UP

iDeCo で老後資金を充実させる

将来の年金を補塡するために、個人で加入する確定拠出年金である iDeCo を活用できる。税制メリットが大きなポイント。

自分で運用できる年金制度

iDeCo（イデコ）とは個人で加入する確定拠出年金です。**自ら掛金を運用して、原則として 60 歳以降に、年金または一時金として受け取るしくみです。**自営業者や企業年金制度のない会社員向けの制度でしたが、現在は公務員や専業主婦（夫）、企業年金制度のある会社員も利用できます。掛金は月 5000 円から 1000 円単位で選べます（上限は年金種別や他の企業年金との併用の有無により異なる）。

令和 4 年に行われた改正により、**iDeCo に加入できる年齢が 65 歳未満までになり、75 歳になるまで運用できるようになりました。**こうしたことから、50 歳以上の人にとっても活用の幅が広がっています。

税制優遇が大きな魅力

iDeCo に加入する大きなメリットは、3 つの税制優遇を受けられることです。掛金は全額が所得控除の対象となり、運用による利益は非課税、受け取るときは一時金なら退職所得控除、年金なら公的年金等控除の対象です。

何歳から受け取るか、一時金か年金かなど、受け取り方の工夫により、公的年金の補塡や受給開始までのつなぎ資金として役立てられます。投資信託など元本変動型の商品のほか、定期預金や保険商品といった元本確保型の商品で運用もできます。

知っ得メモ **iDeCo ＋（プラス）** iDeCo に加入している従業員に対して、会社が福利厚生の一環として掛金を上乗せする制度。企業年金を実施していない中小企業などで採用されている。

iDeCoはしっかり活用しよう

3つの税制メリットがある

掛金は全額が所得控除の対象になる

- 所得税と住民税の軽減になる。

運用による利益は非課税になる

- 20.315%の税金がかからない。

受け取るときに有利な控除を受けられる

- 年金の場合、公的年金等控除（→ 96 ページ）を受けられる。
- 一時金の場合、退職所得控除（→ 162 ページ）を受けられる。

改正でより使いやすくなった

令和4年5月から 加入可能年齢が60歳未満から65歳未満に引き上げられた。

確定拠出年金（企業型）は65歳未満から70歳未満に引き上げ（ただし、会社によって異なる）。

令和4年4月から 受給開始時期の上限が70歳から75歳に引き上げられた。

- これまでより長く運用ができるようになった。

令和4年10月から 企業型に加入している会社員も、原則本人の希望のみで加入できるようになった*。

- これまでは勤務先に加入を認める規約が必要。

＊マッチング拠出（企業型で会社員自身も掛金を拠出する制度）との併用は不可。

注・令和6年12月から、iDeCoと企業年金（確定給付企業年金や確定拠出年金など）を併用する場合、掛金（拠出額）の上限は合計月5万5000円となる。ただし、iDeCo分は月2万円が上限。

保険の見直し

現役時代とは必要な保障は変わる

定年後は基本的に手厚い保障は不要となる。必要な保障をよく検討して、無駄なものは整理する。

死亡保障は目的を再検討

定年は人生の変わり目、保険を見直すよいチャンスです。子が独立していればもう高額な死亡保障は不要です。**配偶者の生活の補塡、葬儀やお墓の費用となる程度で十分でしょう。**自分が亡くなった後の総支出と総収入を計算して、必要な保障金額を見直してみます。

自分たちにとって必要な保障にしぼって無駄を省けば、保険料の負担も軽くなります。ただし、年齢や健康状態により保険料が高くなったり、加入が難しくなったりするケースもあるため、解約は慎重に検討します。

なお、死亡保険金は一定額まで相続税が非課税となるため、相続税の資金対策としての活用も考えられます（→ 216 ページ）。

医療保障は保険料や保障内容をチェック

公的医療保険では年齢とともに自己負担割合が下がり、高額療養費制度も使えます。そのため**医療保障は、主に入院や手術の際、公的医療保険でカバーできない部分の補塡で十分です。**

保険料をいつまでいくら負担するのか、どんなときにいくらの保障があるのかチェックしましょう。貯蓄でまかなえるなら保険にこだわる必要はないかもしれません。がん保険や民間の介護保険なども同様です。保険料と給付のバランス、給付の条件をよく確認します。

知っ得メモ　**個人年金保険**　老後の資金を補塡するために個人で加入する保険商品。外貨建て年金保険や変額年金保険などリスクがある商品もあり、加入には商品内容の十分な検討が必要。

定年後の保険はこう考える

死亡保障

亡くなった後の総支出 － **亡くなった後の総収入** ＝ 死亡保障でカバーしたい金額

配偶者のその後の生活費（期間は平均余命などから考える）、住居関連費、葬儀費用・お墓代など。

注・子が独立していなければ、子の生活費や教育費も必要。

配偶者がもらえる遺族年金（→ 92、94 ページ）、死亡退職金、預貯金、配偶者自身の収入など。

Check!

総収入のほうが多ければ、保険の減額や解約を考える。

医療保障

公的医療保険（高額療養費）で不足する部分をカバーする。

入院給付金、手術給付金

- 差額ベッド代や食事代の一部負担、先進医療の費用などに備える。短期の入院にも対応しているか。手術給付はどんな手術が対象か。

がん保険

- 通院での治療や、治療以外にかかる費用にも備える。初期のがんにも対応しているか。先進医療など高額な治療費に対応しているか。

→ **Check!**

支払う保険料総額を確認して、必要かどうかも検討してみる。

住宅ローン

ローンは退職までに減らしておく

定年後のローン返済はできるだけ早く終わらせたい。早くから繰り上げ返済を心がけ、完済までのプランを立てておく。

■定年後のローンをどうするか

30 代でマイホームを買って住宅ローンを組んだ場合など、60 歳を過ぎても返済が終わらない人も多いでしょう。**60 歳以降、再雇用などで給与が下がったり、年金生活となったりしたときのローン負担は楽ではありません。**

退職金で一括返済を考えている人もいるでしょう。この場合、老後の大切な資金である退職金が大きく減ることになります。手元資金がなくなってしまわないよう退職金の額をきちんと確認しておくとともに、他の必要な支出や貯蓄の状況などを合わせて検討する必要があります。

■繰り上げ返済や借り換えは効果を試算する

現役のときから、できるだけ繰り上げ返済をして、ローン残高を減らす努力も大切です。繰り上げ返済には返済期間を短くしたい人向きの期間短縮型と、返済額を減らしたい人向きの返済額軽減型があります。早いタイミングでの繰り上げ返済ほど、返済期間の短縮／返済額の軽減効果が大きくなります。繰り上げ返済の申し込み金額は事前に金融機関に確認しておきましょう。

現在のローンが高金利のものだったり、返済期間やローンがまだ大きく残っていたりする場合は、他のローンに組み替える「借り換え」という方法もあります。ただし、借り換えには比較的大きな手数料や保証料がかかるため、これらの諸費用を含めた試算が欠かせません。

知っ得メモ　**ローン破綻**　一般に３か月程度ローン返済が滞ると一括返済を求められ、できなければ自宅の売却などの検討が必要になる。ローン破綻を避けるためにも早期返済の資金計画が重要。

定年後のローン返済ポイント

繰り上げ返済

月々の返済とは別にまとまった資金で返済する。返済期間の短縮、総返済額の軽減ができる。

繰り上げ返済は早いほど効果大

条件 借入金額 3000 万円、返済期間 35 年、全期間固定金利（3％）、元利均等返済、ボーナス返済なし。繰り上げ返済は期間短縮型。

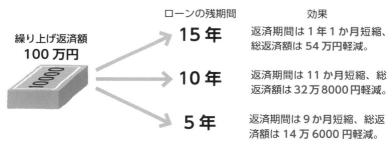

繰り上げ返済額
100 万円

ローンの残期間	効果
15 年	返済期間は 1 年 1 か月短縮、総返済額は 54 万円軽減。
10 年	返済期間は 11 か月短縮、総返済額は 32 万 8000 円軽減。
5 年	返済期間は 9 か月短縮、総返済額は 14 万 6000 円軽減。

注・金額は 1000 円未満四捨五入の概算。
ケースによっても異なる。

借り換え

別の金融機関などで今よりも有利なローンに借り換える。

借り換えが有利になるめやす

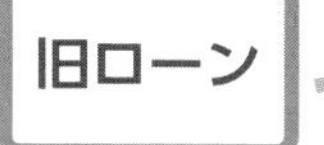

新ローン

1. ローン残高が 1000 万円以上ある。
2. 新ローンの金利は元のローンより 1％以上低い。
3. 返済期間が 10 年以上残っている。

注・いずれもめやす。この条件を満たしていなくても有利になる場合もある。

POINT

手数料や保証料も見逃せない額になるので要注意。

老後の住まい①

生活の変化に合った住まいを考える

自宅で暮らし続けるか、住み替えを考えるか。大きな支出をともなう場合も多いので、時期や内容などを具体的に検討する。

どこで誰とどのように暮らすか

定年前後は、その後の暮らし方や住まいを見直す機会です。定年後の資金計画に大きく影響するポイントでもあります。

現在の家に住み続けるなら、高齢になっても快適に過ごせるようリフォームを検討します。親や子と同居して二世帯住宅に建て替える方法もあります。

また、子が独立すると現在の家が夫婦２人には広すぎる場合があります。手ごろな広さで、スーパーや病院が近い場所などへの住み替えも検討します。

いずれ高齢者施設に入居するなら、早いうちから施設について情報収集を始めましょう。入居後は自宅をどうするかなども考えます。

選択肢はさまざまです。大きな支出が必要になるケースも多いため、早めに資金の手当てなども計画しておきましょう。夫婦や家族でよく話し合い、希望をすり合わせて意見を一致させておくのも重要です。

海外移住や田舎暮らしは十分下調べを

海外移住にあこがれを持つ人もいるでしょう。物価の安い国なら、日本より余裕のある生活ができる場合もあります。ただし言葉や習慣も違うため、数か月滞在してみるなど、住宅、医療事情などの慎重な下調べが欠かせません。

田舎暮らしや地方への移住（Ｕターン、Ｉターン）を考えるなら、大切なのは事前の情報収集です。自治体の支援制度なども調べておきましょう。

知っ得メモ　**リバースモーゲージ**　自宅を担保にして年金や一時金を受け取り、亡くなったときに自宅を売却して返済する資金確保の方法。

住まいの選択肢はさまざま

定年後は住まいも「転機」を迎えることになる。

現在の住まい

持ち家なら

賃貸なら

そのまま住み続ける（持ち家）
- メンテナンスやバリアフリー化などリフォームを検討。

住み替えをする
- 持ち家なら売却や賃貸に出すことを検討する。

そのまま住み続ける（賃貸）
- 退職後の家賃について検討しておく。

住み替えの選択肢

都心のマンションなどに引っ越す
- 生活の利便性を優先する。

高齢者施設に入居する
（→ 52 ページ）
- 将来の介護などを考え、老人ホームなどへの入居を検討する。

子の家に同居する
- 同居にともなうリフォームが必要になる場合もある。

海外に移住する
- 温暖な国や物価の安い国でゆったり暮らすなど。

地方へ移り住む
- 田舎でのんびり暮らすなど。Uターン、Iターン。

老後の住まい②

しっかりリフォームして快適に暮らす

自宅での暮らしを続けるには、バリアフリーなどのリフォームを要検討。
税金の軽減や補助金を受けられることもある。

いろいろなリフォームが必要になる

長く暮らしてきたわが家は、それなりに傷んでいます。終(つい)のすみかとしてこれからも住み続けるためには、一定のリフォームが必要でしょう。**老朽化に対するメンテナンスだけでなく、将来の体の衰えや介護などに備えて、廊下や浴室、階段の手すりの設置や段差解消といったバリアフリーリフォームも検討します。**災害に備えて、一定の耐震補強もしておきたいところです。

親や子と同居するなら、そのためのリフォームのほか、二世帯住宅への建て替えや増改築も相談します。複数世帯の同居はトラブルになりやすいため、間取りなどは事前によく話し合ってから決めましょう。

国や自治体のサポートを活用する

一般に、トイレや洗面所など部分的なリフォームなら数十万円程度の費用で可能ですが、キッチンや浴室全体なら100万円を超えることもあります。建物や設備の状態などによっても異なるため、周囲の話を聞くなどめやすをつかんだうえで、複数の会社に見積もりを依頼しましょう。

耐震、省エネなど住宅性能を高めるリフォームなら、税金の軽減措置を使える場合があります。バリアフリー化のリフォームなら介護保険の住宅改修費の支給を受けられます（→右ページ）。自治体が独自に行う補助金なども、条件などを事前にしっかり調べて活用しましょう。

知っ得メモ　**空き家リスク**　住んでいた人が亡くなって、その住宅がそのまま空き家として放置される問題。地域の環境悪化につながる。今後ますます増えることが予想されている。

リフォームに対する軽減措置や補助金

税金の軽減措置

リフォームの特別控除

標準的な工事費用の10％＊を、その年の所得税から差し引ける。

＊対象工事の一定の超過分、関連するその他のリフォームは控除率５％（いずれも上限あり）。

■ 対象リフォーム
耐震、バリアフリー、省エネ、同居対応、長期優良住宅化、子育て対応（令和６年）

住宅ローン控除

リフォームや増改築による年末ローン残高の0.7％を、13年間または10年間所得税から差し引ける。

■ 対象リフォーム
一定の増改築や修繕・模様替え、一定の耐震、バリアフリー、省エネ改修工事など

固定資産税の軽減

工事を行った翌年の固定資産税が減額される（リフォームの内容により減額の割合は異なる）。

■ 対象リフォーム
耐震（税額の1/2）、バリアフリー、省エネ（税額の1/3）、長期優良住宅化（税額の2/3）

補助金

介護保険（住宅改修）

住宅改修費の最大９割が支給される（18万円が上限）。

■ 対象リフォーム
要支援・要介護者の自宅の手すりの取り付け、段差の解消など。

自治体が実施している補助金もよく調べてみないとね。

高齢者施設は自分の目で見て選ぶ

高齢者施設の種類やサービスの内容、費用などは多岐にわたる。できるだけ早くから情報収集を始めるとよい。

■自立型と介護型がある

高齢になって子に頼らず暮らすためには、高齢者施設への入居も検討が必要です。離れて暮らす親と相談しておきたいことでもあります。

高齢者施設を大きく分けると、元気なうちに入居する自立型の施設と、介護が必要な人が入居する介護型の施設があります。自立型を選ぶ場合には、介護が必要になったときの対処法も決めておく必要があります。

それぞれさまざまなタイプがあり、必要や希望に応じて選びます。たとえば、施設によっては費用負担が大きくなるが設備の充実している有料老人ホーム、比較的少ない費用ですむが入居は数年待ちということも多い介護老人福祉施設（特別養護老人ホーム）、一定の生活サポートを受けられるが、サービス内容で費用が大きく変わるサービス付き高齢者向け住宅（サ高住）などがあります。広く情報を集めて、長所や短所をよく調べてみましょう。

■後悔のない選択をするために

気になる施設は、実際に訪れて自分の目で見ることが大切です。60代のうちから複数の施設をくらべてみて、入居時期なども検討しましょう。入居が必要になってからの限られた時間では十分な検討ができず、入居後に後悔することにもなりかねません。サービスや設備だけでなく、食事の内容や職員の働くようす、雰囲気といったポイントも見逃せません。

知っ得メモ　**重要事項説明書**　すべてのサービス内容などが記載された書類。1つひとつ説明を受けて納得のうえ契約する。できれば事前に受け取り、すみずみまで目を通しておくとよい。

介護や医療への対応で選び方は変わる

元気なうちに入居する（自立型）

ケアハウス
家族や住宅の事情で家庭での生活が困難な人向けの施設。介護つきのタイプもある。

シルバーハウジング
高齢者向けの公営賃貸住宅。家事援助なども受けられる。

サービス付き高齢者向け住宅
入居一時金が不要な高齢者向け賃貸住宅。介護への対応は施設による。

有料老人ホーム（健康型／住宅型）
健康型は介護が必要になると退去する。住宅型は外部のサービスとして介護を利用する。

介護が必要になってから入居する（介護型）

介護老人福祉施設（特別養護老人ホーム）
要介護３～５の人が対象。入居まで数年待ちということも。

介護医療院
医療と介護の両方を受けながら、長期間の療養ができる。

介護老人保健施設
自宅復帰のためのリハビリをしながら、介護を受けられる。

グループホーム
認知症の人が専門スタッフの支援のもと、少人数で共同生活して、症状の改善をめざす。

有料老人ホーム（住宅型／介護型）
介護型では職員による介護が受けられる。費用やサービスは施設により異なる。

POINT

費用やサービス内容、介護への対応などをよく比較する。

PICK UP

「今まで」を棚卸しして「これから」に備える

終活は自分が亡くなった後に備えて、今から準備をしておくこと。前向きな作業として取り組みたい。

■家族のためにもなる

終活とは「人生の終わりに向けた活動」のことで、自分の葬儀やお墓の準備の希望を伝えたり、医療や介護、財産、住まい、相続など、自分の望む最期を迎えるため、また亡くなった後に家族が困らないよう、生前からさまざまな準備をしたりすることです。定年後のライフプランの作成と一緒に終活を行う人もいます。

終活により、これまでの人生を振り返って棚卸しをして、これからの新たな人生の目標を定め、充実した生き方に取り組むための動機づけにつなげられます。

■エンディングノートを活用する

終活の大きなポイントになるのが生前整理です。現在自分が持っている財産などを取捨選択して、リストなどにまとめておくのです。一度に行う必要はありません。無理なく日ごろから少しずつ進めていきましょう。

終活の内容をまとめるには、エンディングノートなどを活用するのもよいでしょう。文字にすると、考えを整理しやすくなります。家族に終活の内容やメッセージを残せます。ただし、エンディングノートは遺言書の代わりにはならないため、相続については、別に遺言書をつくっておくとよいでしょう。

知っ得メモ **生前整理のコツ**　長年ため込んだ物などの整理・処分は、一度に行うと心身の負担が大きいので、無理をせず長い期間をかけて進める。処分の判断は家族に協力してもらうのもよい。

終活で何をするか

財産

財産や身の回りのものを整理、不要なものは処分する（生前整理）。財産リストを作成する。

医療・介護

認知症になったときや終末医療、介護に対する希望を家族に伝える。

住まい

バリアフリーリフォームを行う、介護が必要になったときの高齢者施設などを検討するなど。

葬儀やお墓

葬儀の希望や出席してほしい人の連絡先などを家族に伝える。お墓についても家族と話し合う。

相続

財産やその分け方について家族と話し合う。遺言書を作成する。

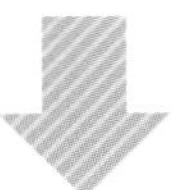

エンディングノート

遺言書

エンディングノートをつくる

- 上記の内容について記載するほか、自分自身のことや大切な人の連絡先、家族へのメッセージなども書いておく。

遺言書をつくる （→ 222 ページ）

COLUMN

1人で判断せず 必ず家族や周囲に相談する

高齢者をねらった詐欺や悪質商法による被害は後を絶ちません。

詐欺の代表的なものにオレオレ詐欺（振り込め詐欺）がありますが、架空料金請求詐欺や還付金詐欺など、その手口は多岐にわたります（総称して特殊詐欺という）。

自宅を訪問して住宅の不安をあおりリフォーム契約をせまったり、電話で架空の投資話を持ちかけるなどの悪質商法も横行しています。こうした手口などを知って備えましょう。

誰でもだまされる恐れがあります。「自分はだまされない、だいじょうぶ」という根拠のない自信はとても危険です。特殊詐欺や悪質商法に対する知識を持つとともに、家族と話し合って対策をしておきましょう（家族間の合言葉を決めておく、知らない電話番号の電話には出ない、あやしい訪問者などはすぐ家族に相談するなど）。

特殊詐欺の被害の多くは高齢者

高齢者（65 歳以上）被害の認知件数
1万 4878 件

総認知件数＊の 78.3%
（男性 22.3%、女性 56.0%）
＊法人被害を除く。

注・特殊詐欺とは、オレオレ詐欺、預貯金詐欺、架空料金請求詐欺、還付金詐欺、キャッシュカード詐欺盗など。

「令和５年における特殊詐欺の認知・検挙状況等について（暫定値版）」（警察庁）

第1章

年金の基本知識と手続き

INDEX

加入期間と年金

年金は加入期間が長いほど多くもらえる

まとめ 老齢年金は年金制度に加入して、保険料を10年以上納めていれば受給できる。加入期間が長いほど多く年金をもらえる。

■原則10年以上の加入期間が必要

年金（老齢年金）は、原則65歳になると国から生涯支給されるお金です。65歳以上で公的年金を受給している高齢者世帯の44％は年金だけで暮らしており*、定年後の生活の基本となる資金です。退職後の資金計画を考えるには、年金について知識を持つことが欠かせません。

10年（120か月）以上年金制度に加入して保険料を納めていれば、生涯にわたり年金をもらえます（資格期間）。これまで会社員として働いてきた人であれば、まずもらえるでしょう。ただし、年金額は加入期間などに応じて計算されるため、原則として長く加入していた人ほど多くもらえます。

■老齢基礎年金はすべての加入者に共通

20歳以上60歳未満のすべての人は、年金制度に加入することが義務づけられています（国民皆年金）。会社員や公務員は勤め先を通して厚生年金に加入します。それ以外の人は国民年金に加入します。

厚生年金に加入していた期間がある人は、老齢基礎年金と老齢厚生年金という2種類の年金をもらえます。国民年金だけの加入なら老齢基礎年金のみです。

65歳になって年金をもらうときは、請求手続きが必要です。受給は前倒し（繰り上げ）や先送り（繰り下げ）もできます。

知っ得メモ **保険料免除期間** 経済的な事情で保険料を納められない人は、保険料の免除が受けられる。保険料を免除された期間は、免除の内容により一定割合が年金額に算入される。

＊「2022年国民生活基礎調査」（厚生労働省）による。

年金をもらうための資格期間とは

国民年金、厚生年金の加入期間を合計する（保険料免除期間、合算対象期間も加える）。

資格期間
10年

加入期間が長くなるほど
年金額は多くなる。

年金の加入期間

原則として20歳から
60歳になるまで加入する。

原則として
65歳から
老齢年金が
もらえます。

POINT

資格期間に1か月以上の厚生年金加入期間があれば、65歳から老齢厚生年金がもらえる。
1年以上の厚生年金加入期間があれば、生年月日により60代前半に老齢厚生年金（報酬比例部分）がもらえる人も。

これも知っておこう

合算対象期間（カラ期間）は資格期間に加えられる

合算対象期間（カラ期間）とは、国民年金に加入していなくても資格期間に含められる特別な期間をいいます。

代表的なカラ期間は、国民年金への加入が任意だった昭和61年3月までに、専業主婦だった期間（多くが未加入だった）などです。ただし、カラ期間は年金の資格期間には含められますが、年金額には反映されません。

PICK UP

厚生年金と国民年金はここが違う

公的年金には国民年金と厚生年金があり、支給される年金の種類は「老齢」「障害」「遺族」の３つがある。

■会社員は厚生年金に加入している

日本の公的年金制度には、国内に住む 20 歳以上 60 歳未満のすべての人が加入する国民年金と、会社員や公務員が加入する厚生年金があります*。すべての人に共通の国民年金をベースに、厚生年金がその上に乗る構造であることから、公的年金制度は「２階建て」といわれます。

職業などにより、加入者（被保険者）は第１号～第３号被保険者に分けられます。第１号被保険者は国民年金に直接加入している人です。自営業者や学生のほか、アルバイトや失業中の人も含まれます。第２号被保険者は厚生年金に加入している人で、会社員や公務員です。厚生年金に加入することで国民年金にも加入していることになります。第３号被保険者は、会社員や公務員に扶養されている配偶者です。国民年金に加入していることになりますが、保険料の負担はありません（厚生年金が負担する）。

■老齢年金だけではない

すべての年金加入者は基礎年金、厚生年金加入者は基礎年金に加えて厚生年金（報酬比例部分）がもらえます。また、公的年金は老齢年金だけではなく、**加入者が亡くなったときには、その遺族の生活を支えるための遺族年金（→ 92 ページ）、加入者が一定の障害の状態になったときには障害年金（→ 106 ページ）をもらえます。**

知っ得メモ　**基礎年金番号**　国民年金と厚生年金すべての公的年金制度で使われる、１人に１つの 10 ケタの番号。現在はマイナンバーとひもづけられており、手続きなどはどちらでもできる。

＊公務員は平成 27 年９月まで共済年金だったが、現在は厚生年金に統合されている。

加入する年金制度ともらえる年金

自営業者、学生、フリーター、失業中の人など
（第１号被保険者）

会社員、公務員など
（第２号被保険者）

第２号被保険者に扶養される配偶者（専業主婦・主夫）
（第３号被保険者）

	第１号被保険者	第２号被保険者	第３号被保険者
加入する年金制度		厚生年金	
	国民年金	（国民年金）	国民年金＊
もらえる年金 老齢年金		老齢厚生年金	
	老齢基礎年金	老齢基礎年金	老齢基礎年金
遺族年金		遺族厚生年金	
	遺族基礎年金	遺族基礎年金	遺族基礎年金
障害年金		障害厚生年金	
	障害基礎年金	障害基礎年金	障害基礎年金

＊第２号被保険者の加入する厚生年金を通して加入する。

受給開始年齢

これからの定年世代は 65 歳から年金スタート

まとめ **老齢年金をもらえるのは原則として 65 歳から（一定の生年月日までの人を除く）。また、男女によっても異なる。**

■ 男性は 60 代前半に年金をもらえない

これから 60 歳を迎える男性は、原則として年金をもらえるのは 65 歳からです。60 代前半は無年金期間となります。そのため、60 代前半でリタイアを考える人は、早いうちから 65 歳になるまでの資金準備が必須です。

老齢厚生年金の受給開始年齢は、平成 12 年の年金制度の改正で 60 歳から 65 歳に引き上げられました。急な変化を避けるため、引き上げは 10 年以上かけて段階的に行われ、生年月日によって受給開始年齢が異なることになりました。なお、公務員以外の女性の引き上げは、男性の 5 年遅れです。

引き上げ中の 60 代前半の年金を特別支給の老齢厚生年金といい、現在は報酬比例部分のみです。金額は 65 歳からの年金額の半分程度です。

■ 女性は 60 代前半の年金を確認

特別支給の老齢厚生年金は、10 年以上の資格期間を満たしたうえで、厚生年金に 1 年以上加入していたことが受給条件です。**これから 60 歳を迎える女性は、生年月日により 60 代前半にもらえる可能性があります（右ページ）。**自分の受給開始年齢はよく確認しておきましょう。

受給開始年齢の引き上げが完了する、昭和 36 年 4 月 2 日以降生まれの男性、昭和 41 年 4 月 2 日以降生まれの女性は、特別支給の老齢厚生年金をもらうことができません。

知っ得メモ **報酬比例部分** 特別支給の老齢厚生年金のうち、給与やボーナスに対応する年金部分。以前は、これに加えて基礎年金部分（定額部分）も支給されていた。

受給開始年齢は男女で異なる

＝特別支給の老齢厚生年金（報酬比例部分）

＝老齢基礎年金＋老齢厚生年金

男性

女性
※公務員の女性は男性と同じ。

生年月日	受給開始年齢（男性）	受給開始年齢（女性）
昭和33年4月2日～昭和34年4月1日	63歳	61歳
昭和34年4月2日～昭和35年4月1日	64歳	61歳
昭和35年4月2日～昭和36年4月1日	64歳	62歳
昭和36年4月2日～昭和37年4月1日	65歳	62歳
昭和37年4月2日～昭和38年4月1日	65歳	63歳
昭和38年4月2日～昭和39年4月1日	65歳	63歳
昭和39年4月2日～昭和40年4月1日	65歳	64歳
昭和40年4月2日～昭和41年4月1日	65歳	64歳
昭和41年4月2日～	65歳	65歳

年金額

自分の年金額は事前に確認しておく

まとめ 会社員の年金は老齢基礎年金と老齢厚生年金の２階建て。おおよその年金額は、ねんきん定期便などで確認できる。

■ 会社員の年金は月給とボーナスに基づく

会社員は、65歳から老齢基礎年金と老齢厚生年金の合計をもらえます。老齢基礎年金の額は年金に加入していた期間で変わり、40年加入した場合に満額の年81万6000円(68歳以下の場合。69歳以上は81万3700円〈令和６年度〉）となります。

老齢厚生年金（報酬比例部分）の額は、厚生年金加入期間中の月給（標準報酬月額）＋ボーナス（標準賞与額）の平均と加入期間で決まります。過去の月給やボーナスは、現在の賃金水準に直して計算されます。

高い月給やボーナスをもらっていた人は、保険料を多く納めているため、老齢厚生年金も多くなります。さらに、一定の配偶者や子がいる場合、加給年金額（→66ページ）が上乗せされます。

■ ねんきん定期便などで確認できる

年金は老後資金の柱です。おおよその年金額をつかんでおくことは、退職後の資金計画の第一歩といえます。**誕生月に日本年金機構から送られてくるねんきん定期便には必ず目を通して、記載された「年金見込額」を確認しておきましょう（→70ページ）。**

さらに、ねんきんネット（→72ページ）を活用すれば、繰り上げ受給や繰り下げ受給などのシミュレーションを行うことができます。

知っ得メモ **マクロ経済スライド**　その年の社会情勢（現役人口の減少や平均余命ののび）に合わせて、賃金や物価の変動による年金の給付水準を調整するしくみ。

会社員の年金額の計算と金額例

老齢基礎年金

81万6000円（令和6年度・68歳以下） × 保険料を納めた月数 / 480月 ＝ □円

老齢厚生年金（報酬比例部分）

平均標準報酬月額（月給の平均） × 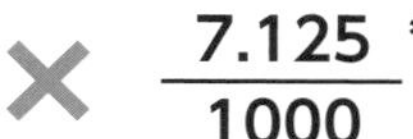 7.125 / 1000 ＊  × 加入期間月数（被保険者期間）

＊平成15年4月以後の期間は、平均標準報酬額（月給＋ボーナスの平均）×5.481/1000。

＝ □円

＋

老齢基礎年金と老齢厚生年金の合計 □円

65歳からこの金額がもらえる（年額）。

給与による年金額の例

条件 昭和39年4月2日～昭和40年4月1日生まれの男性。加入期間は40年。

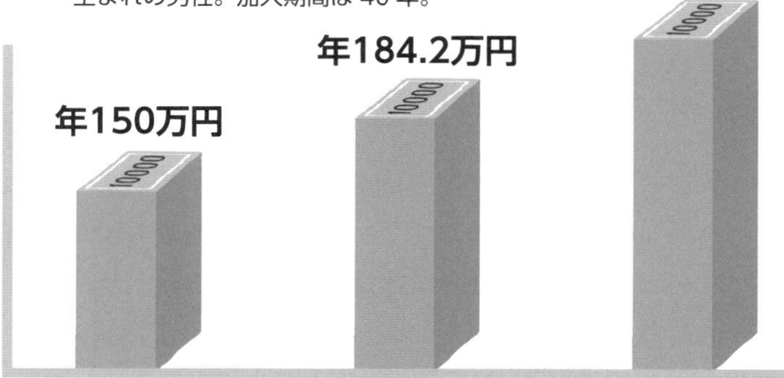

注・概算のため、年金額は1000円未満四捨五入。
平成15年4月からの乗率等の変更は考慮していない。

加給年金額、振替加算

配偶者や子がいると年金に上乗せがあることも

まとめ 厚生年金をもらう人に生計を維持されている配偶者や子がいる場合、加給年金額や振替加算という上乗せをもらえることがある。

■「生計を維持されている」ことが条件

厚生年金の加入期間が 20 年以上で年金をもらう人に、生計を維持されている 65 歳未満の配偶者または 18 歳の年度末までの子*がいる場合、老齢厚生年金に加給年金額が上乗せされます。いわば年金の家族手当です。「生計を維持されている」人は、生計を同じくしていて自身の年収が 850 万円未満であることが条件です。

加給年金額は、配偶者なら年 40 万 8100 円、子は第二子まで 1 人につき年 23 万 4800 円、第三子以降は 1 人につき年 7 万 8300 円です（令和 6 年度）。

加給年金額をもらうには、年金請求書を作成するときに配偶者や子の生計維持について記入します。必要に応じて、それを証明する書類を添付します。

■配偶者が 65 歳になると振替加算

配偶者が 65 歳に達するか、子が 18 歳の年度末を過ぎると加給年金額は終了します。**配偶者の場合は、代わって自分の老齢基礎年金に一定額が上乗せされるようになります。これを振替加算といいます。**振替加算は、相手が亡くなった後も生涯もらえます。金額は配偶者の生年月日により異なります（→右ページ）。また、昭和 41 年 4 月 2 日以降生まれの人にはありません。

加給年金額と振替加算は、ねんきん定期便の年金額に含まれていないため、自分で条件や金額を調べる必要があります。

知っ得メモ **配偶者が年上なら** 生計を維持されている配偶者のほうが年上の場合、相手に加給年金額の資格ができたとき、配偶者は既に 65 歳を過ぎているため、すぐに振替加算の対象となる。

＊18歳になった以後の最初の3月31日までの間にある子。または20歳未満の障害のある子（以下同）。

加給年金額、振替加算のしくみ

加給年金額

条件

厚生年金の加入期間が 20 年以上。
生計を維持されている 65 歳未満の配偶者
または 18 歳の年度末までの子*がいる。

＊または 20歳未満の障害のある子。

65 歳からの年金に上乗せされる。配偶者が 65 歳になるか、子が条件の年齢を過ぎると打ち切られる。

加給年金額

本人の年金

加給年金額の金額

対象	金額
妻の場合	**年 40 万 8100 円**
子の場合 (第二子まで) (第三子から)	**1 人につき** **年 23 万 4800 円** **年 7 万 8300 円**

注・令和 6 年度。妻は特別加算額（17 万 3300 円。昭和 18 年 4 月 2 日以降生まれの金額）を含む。

振替加算

条件

加給年金額の対象となる配偶者が 65 歳以上。
配偶者の生年月日が昭和 41 年 4 月 1 日以前。

加給年金額に代わって、配偶者の 65 歳からの年金に上乗せされる。

振替加算

配偶者の年金

振替加算の金額

生年月日	金額
昭和 33.4.2 ～ 昭和 34.4.1	**年 3 万 4516 円**
昭和 34.4.2 ～ 昭和 35.4.1	**年 2 万 8176 円**
昭和 35.4.2 ～ 昭和 36.4.1	**年 2 万 1836 円**
昭和 36.4.2 ～ 昭和 41.4.1	**年 1 万 5732 円**

注・令和 6 年度。昭和 33 年 4 月 2 日以降生まれの金額を抜粋。

国民年金（配偶者の年金）

専業主婦は65歳から老齢基礎年金

まとめ　**第3号被保険者である会社員の配偶者の年金は65歳から老齢基礎年金。もし厚生年金加入期間があれば、老齢厚生年金ももらえる。**

■加入期間がポイント

会社員に扶養されている配偶者は、保険料負担のない国民年金の第3号被保険者です。第3号被保険者の期間（および第1号被保険者期間）については、65歳から老齢基礎年金をもらうことができます。

老齢基礎年金は満額（40年間の加入）なら、年81万6000円（令和6年度・68歳以下）です。ただし、国民年金の加入期間が短ければ、それだけ年金額は少なくなります。満額に近づけるためには、60歳からの任意加入なども検討します（→88ページ）。

■働いた期間があれば年金は増える

配偶者に会社で働いていた時期があれば、その期間は厚生年金に加入しているため老齢厚生年金をもらうことができます。それだけ年金額は多くなります。生年月日によっては、60代前半から年金をもらえます(→62ページ)。

女性の場合、結婚や出産、働き方などにより、一般に男性よりもその立場や環境の変化が多くなりがちです。そのため年金記録のもれや間違いが起こりやすく、また、男性にくらべて年金が少ないケースも多くあります。ねんきん定期便などで確認しておきましょう。

夫婦それぞれの年金の受給開始時期やその金額などをしっかり把握することで、より具体的な資金計画を立てることができます。

知っ得メモ　**公務員の女性**　公務員の年金（共済組合）は厚生年金と統合されているが、公務員の受給開始年齢は男女の区別がないため、女性も男性と同じ年齢から年金をもらうことになる。

配偶者の年金は職歴で変わる

会社勤めの経験なし（厚生年金加入経験なし）

60～64歳　年金なし

65歳から　老齢基礎年金

年金額は保険料を納めた期間が短いほど少なくなる

35年　71万4000円
30年　61万2000円
25年　51万円
20年　40万8000円

金額例

条件 国民年金に40年加入（結婚前は第1号被保険者、結婚後は第3号被保険者）。

60～64歳
なし

65歳から
年81万6000円
（満額の老齢基礎年金／令和6年度・68歳以下）

会社勤めの経験あり

60～64歳　生年月日により特別支給の老齢厚生年金あり

65歳から　老齢基礎年金（＋振替加算）＋老齢厚生年金

金額例

条件 昭和40年4月2日～昭和41年4月1日生まれ。厚生年金加入期間5年、平均標準報酬月額15万円。老齢基礎年金は満額、振替加算あり（1万5732円）。

64歳
年6万4100円

65歳から
年89万5900円

注・わかりやすさのため100円未満四捨五入。

自分の年金を確認①

年に一度のねんきん定期便をチェックしよう

まとめ ねんきん定期便は、日本年金機構からの年金のお知らせ。自分の年金情報をつかむことができる重要書類。

■「いつから」「いくら」を確認できる

年金に加入している人には、日本年金機構から年に一度誕生月に、これまで納めた保険料額（累計）や直近１年間の保険料納付状況、これまでの年金加入期間、老齢年金の見込額（年額）といった年金情報が、３ツ折のはがき形式で通知されます。これがねんきん定期便です。

自分の年金のことを知るためには、このねんきん定期便のチェックが欠かせません。まずは記載内容に間違いなどがないか確認しますが、特に確認しておきたいのは老齢年金の見込額です。50歳以上の人の場合、現在の条件で60歳まで加入した場合の金額です。今後変わる可能性はありますが、定年後の資金計画の基礎となる金額です。よく把握しておきましょう。

その他、問い合わせをするときに必要になる「照会番号」、ねんきんネット（→72ページ）のユーザIDの取得手続きで使用する「アクセスキー」という番号も記載されています。大切に保管しましょう。

■59歳の年は「封書」のねんきん定期便

35歳、45歳、59歳（節目年齢）になる年のねんきん定期便は、A4サイズの封書となり、**これまでのすべての年金加入記録が記載され、「年金加入記録回答票」が入っています。**年金加入記録はよく確認して、もれや間違いなどがあった場合は、この回答票を提出してその内容を申告します。

知っ得メモ **ねんきん定期便が送られてこない** ねんきん定期便がこない場合、引っ越しなどの住所変更情報が日本年金機構で登録されていない可能性がある。会社などに確認を。

ねんきん定期便はここを見る

※ 50 歳以上の様式

表面

問い合わせの際必要になる「照会番号」。

老齢年金の見込額と 70 歳、75 歳まで繰り下げした場合の年金見込額が記載されている。

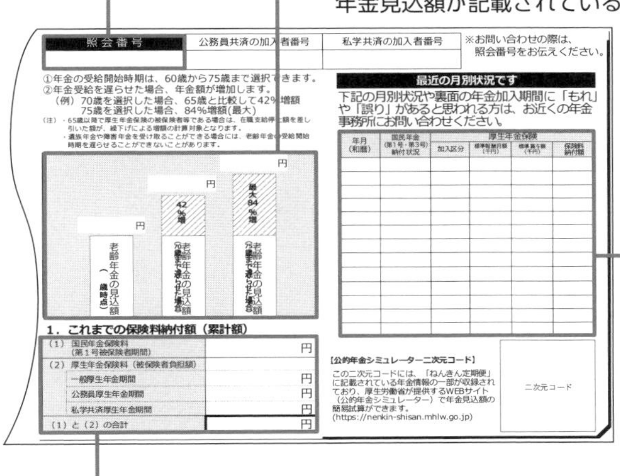

照会番号	公務員共済の加入者番号	私学共済の加入者番号

※お問い合わせの際は、照会番号をお伝えください。

①年金の受給開始時期は、60歳から75歳まで選択できます。
②年金受給を遅らせた場合、年金額が増加します。
（例）70歳を選択した場合、65歳と比較して42%増額
75歳を選択した場合、84%増額(最大)
（注）・65歳以降で厚生年金保険の被保険者等である場合は、在職支給停止額を差し引いた額が、繰下げによる増額の計算対象となります。
・遺族年金や障害年金を受け取ることができる場合には、老齢年金の受給開始時期を遅らせることができないことがあります。

1．これまでの保険料納付額（累計額）

（1）国民年金保険料（第1号被保険者期間）	円
（2）厚生年金保険料（被保険者負担額）	
一般厚生年金期間	円
公務員厚生年金期間	円
私学共済厚生年金期間	円
（1）と（2）の合計	円

最近の月別状況です

下記の月別状況や裏面の年金加入期間に「もれ」や「誤り」があると思われる方は、お近くの年金事務所にお問い合わせください。

年月（和暦）	国民年金（第1号・第3号）納付状況	厚生年金保険 加入区分	標準報酬月額（千円）	標準賞与額（千円）	保険料納付額

【公的年金シミュレーター二次元コード】
この二次元コードには、「ねんきん定期便」に記載されている年金情報の一部が収録されており、厚生労働省が提供するWEBサイト（公的年金シミュレーター）で年金見込額の簡易試算ができます。
(https://nenkin-shisan.mhlw.go.jp)

二次元コード

直近約 1 年間の年金加入、保険料納付の状況。もれや間違いがないか確認する。

これまで納めた保険料額が記載されている。

裏面

これまでの年金加入期間。もれや間違いがないか確認する。

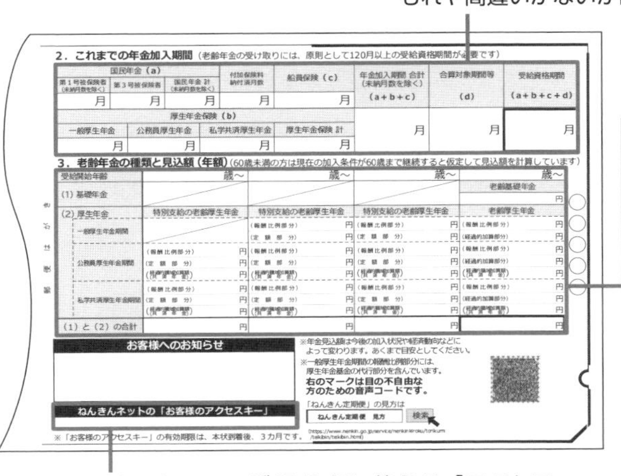

2．これまでの年金加入期間（老齢年金の受け取りには、原則として120月以上の受給資格期間が必要です）

国民年金（a） 第1号被保険者（未納月数を除く）	第3号被保険者	国民年金 計（未納月数を除く）	付加保険料納付済月数	船員保険（c）	年金加入期間 合計（未納月数を除く）（a+b+c）	合算対象期間等（d）	受給資格期間（a+b+c+d）
月	月	月	月	月			
厚生年金保険（b） 一般厚生年金	公務員厚生年金	私学共済厚生年金	厚生年金保険 計				
月	月	月	月		月	月	月

3．老齢年金の種類と見込額（年額）（60歳未満の方は現在の加入条件が60歳まで継続すると仮定して見込額を計算しています）

受給開始年齢	歳〜	歳〜	歳〜	歳〜
（1）基礎年金				老齢基礎年金 円
（2）厚生年金	特別支給の老齢厚生年金	特別支給の老齢厚生年金	特別支給の老齢厚生年金	老齢厚生年金
一般厚生年金期間		（報酬比例部分） 円 （定額部分） 円	（報酬比例部分） 円 （定額部分） 円	（報酬比例部分） 円 （経過的加算部分） 円
公務員厚生年金期間	（報酬比例部分） 円 （定額部分） 円 （経過的職域加算額（共済年金）） 円	（報酬比例部分） 円 （定額部分） 円 （経過的職域加算額（共済年金）） 円	（報酬比例部分） 円 （定額部分） 円 （経過的職域加算額（共済年金）） 円	（報酬比例部分） 円 （経過的加算部分） 円 （経過的職域加算額（共済年金）） 円
私学共済厚生年金期間	（報酬比例部分） 円 （定額部分） 円 （経過的職域加算額（共済年金）） 円	（報酬比例部分） 円 （定額部分） 円 （経過的職域加算額（共済年金）） 円	（報酬比例部分） 円 （定額部分） 円 （経過的職域加算額（共済年金）） 円	（報酬比例部分） 円 （経過的加算部分） 円 （経過的職域加算額（共済年金）） 円
（1）と（2）の合計	円	円	円	円

お客様へのお知らせ

※年金見込額は今後の加入状況や経済動向などによって変わります。あくまで目安としてください。
※一般厚生年金期間の報酬比例部分には、厚生年金基金の代行部分を含んでいます。
右のマークは目の不自由な方のための音声コードです。

「ねんきん定期便」の見方は
ねんきん定期便 見方 検索
(https://www.nenkin.go.jp/service/nenkinkiroku/torikumi/teikibin/teikibin.html)

ねんきんネットの「お客様のアクセスキー」

※「お客様のアクセスキー」の有効期限は、本状到着後、3カ月です。

50 歳以上の人は、現在の条件で 60 歳まで加入を続けた場合の受給開始年齢と年金見込額が記載されている。

ねんきんネットのユーザ ID 取得に使える「アクセスキー」。有効期限はこのはがき到着から 3 か月。

注意！

見込額には加給年金額や振替加算は含まれていない。

自分の年金を確認②

「ねんきんネット」ならネットで自分の年金を調べられる

まとめ ねんきんネットでは、将来の年金額のシミュレーションが簡単にできるなど、さまざまな年金サービスを受けられる。

■自分専用の年金情報源として使える

ねんきんネットは、インターネットを通じて自分の年金情報などを手軽に確認できるサービスです。基礎年金番号を持っている人なら、パソコンやスマートフォンからいつでもアクセスできます。

ねんきんネットでは、**自分の年金記録の確認のほか、将来の年金見込額の試算、電子版「ねんきん定期便」の閲覧、日本年金機構からの各種通知書の確認や再交付の依頼、年金の届け出書類の作成支援など、さまざまなサービスを利用できます。**

■年金額をケースにより試算してみる

ねんきんネットによる年金額の試算は、**現在の加入条件が続いた場合による通常の試算のほか、今後の職業や収入の変化、受給する年齢（繰り上げ受給、繰り下げ受給）といった条件を指定して、それぞれ年金額がどうなるかも試算できます。**「何歳までどのように働くか」「その場合、年金はどうもらうのが有利か」といった検討に役立てられます。

ねんきんネットの利用には事前の登録が必要です。日本年金機構ホームページのねんきんネットのトップ画面から、右ページの手順でユーザID を取得する方法と、マイナポータル*から登録する方法があります。マイナポータルの利用にはマイナンバーカードが必要です。

知っ得メモ **ねんきん定期便、ねんきんネットの問い合わせ先** 0570-058-555（ナビダイヤル）。受付時間／月 8:30 ～ 19:00、火～金 8:30 ～ 17:15、第 2 土曜 9:30 ～ 16:00。

＊マイナンバーカードを利用して、パソコンやスマートフォンから行政手続きなどができるサービス。

新規登録（ユーザ ID の取得）の手順

「ねんきんネット」トップ画面

ねんきんネットトップ画面の「新規登録」をクリックする。

↓

新規登録画面で必要事項を入力して送信する。

- 入力には基礎年金番号が必要になる。
  パスワードを設定する。

↓

ユーザ ID が発行される（申し込みの完了）。

- はがきにより 1 週間程度で通知される *。

↓

ねんきんネットを利用できる

- ユーザ ID とパスワードを入力してログインする。

＊ユーザ ID は、ねんきん定期便に記載されている「アクセスキー（有効期限は 3 か月）」を利用して登録手続きをすると、メールですぐに発行される。

自分の年金をくわしく
チェックしてください。

POINT

その他、マイナポータルから登録する方法もある。

年金記録

自分の年金にもれや間違いがないか要チェック

まとめ 年金記録はねんきん定期便、ねんきんネットなどで詳細に確認する。特に短期間の記録のもれや間違いに注意。

■短期間の加入などを見逃さない

たくさんの持ち主不明の年金記録が発覚した「年金記録問題」では、いまだ1700万件以上が統合されないままです。年金は国が管理しているからといって、もれや間違いがないとは限らないのです。

右ページのようなケースには十分注意が必要です。**過去の転職や転勤、短期間の勤務経験などはよく思い出して、詳細に確認します。**家族や当時の友人などに、尋ねてみるのもよいでしょう。また、手元に複数の年金手帳がある人は、それぞれの記録が別になっている可能性があります。

短い期間でも、年金の新たな記録が見つかれば、その分年金額が増えることにつながります。

■年金事務所などに調べてもらう

年金記録のもれや間違いは、ねんきん定期便（59歳の節目年齢では詳細な加入記録が送られてくる）やねんきんネットで確認します。ねんきんネットでは月ごとの加入／未加入などを確認できます。

自分の記憶などと年金記録が異なる、もれや間違いと思われるところなどが見つかった場合、ねんきん定期便なら「年金加入記録回答票」にその内容を記載して申告するほか、年金事務所などに申し出て調査してもらいます。過去の資料やメモなど、できるだけ手がかりになるものを持参しましょう。

知っ得メモ **私の履歴整理表** 日本年金機構ホームページからダウンロードできる、自分のこれまでの勤務先や住所などを書き込んで整理できる表。年金事務所で手に入れることもできる。

こんなケースに要注意

□ 転職などの記録が統合されていない

［例］
- 転職のたびに年金手帳が発行された。
- 以前勤めていた会社が倒産した、合併した。
- 会社で何度も転勤や出向をした。

□ 氏名の誤りなどで記録が統合されていない

［例］
- 退職後に結婚して姓が変わった。
- 事情があって、本名とは違う氏名や違う生年月日で働いていた。
- 氏名に複数の読み方がある（例・熊谷〈くまがい・くまがや〉、未来〈みき・みらい〉）。

□ 短期の勤務経験による年金加入を見落としている

［例］
- 試用期間や研修中に退職したことがある。
- 保険の外交員や期間工として働いていた。

ねんきん定期便で加入履歴の空白期間、ねんきんネットで「未加」となっている期間を確認してみる。

もれや間違いが疑われるところが見つかったら、最寄りの年金事務所や街角の年金相談センターに相談する。

年金の請求手続き

年金は自分で請求しないともらえない

まとめ　**年金をもらうには年金請求書に必要事項を記入して、必要書類をそろえて年金事務所などに提出する。**

■年金請求書は送られてくる

年金は自動的にもらえるのではなく、自ら請求手続きをする必要があります。請求手続きには年金請求書という書類が必要です。**年金請求書は、受給開始年齢の約３か月前になると日本年金機構からリーフレット（年金請求手続の案内）とともに送られてきます。**

年金請求書には、基礎年金番号や氏名、生年月日、年金加入記録など、請求者の情報があらかじめ印字されています。印字内容に誤りがないか確認しながら、必要な事項を記入していきます。また、請求に必要な書類をそろえます（→ 78 ページ）。必要書類は、本人やその家族の状況により異なります。

■すみやかに提出する

年金請求書は受給開始年齢（誕生日の前日）になったら、すみやかに年金事務所や街角の年金相談センターなどに提出します。郵送も可能ですが、直接出向いて提出すれば、記入についてわからないところなどを、その場で確認できます。

年金請求書を提出してから１～２か月後に年金証書などが届き、その１～２か月後に年金の振り込みが始まります。

なお年金の受け取りには期限（時効）があり、未請求で５年を過ぎると過ぎた期間分はもらえなくなります。

知っ得メモ　**遺族年金、障害年金の請求**　遺族年金→本人が亡くなった後すみやかに遺族が行う。障害年金→初診日から１年６か月後の障害認定日以降、すみやかに本人や家族が行う。

年金を受給するまでの流れ

日本年金機構

受給開始年齢となる約３か月前

- 日本年金機構から年金請求書などが送られてくる。

年金請求書を作成する

(→ 79~81 ページ)

- 印字内容を確認して必要事項を記入する。
- 必要書類をそろえる(→ 78 ページ)。

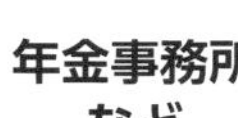

年金事務所など

年金請求書を提出する

- 受給開始年齢に到達以降すみやかに。
- 提出先は年金事務所や街角の年金相談センター。国民年金のみの加入なら市区町村役場でもよい。

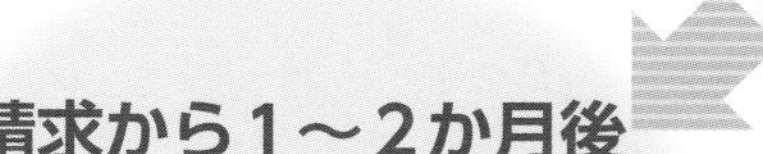

請求から１～２か月後

- 年金証書や年金決定通知書、年金受給に関するリーフレットが送られてくる。

年金証書到着から１～２か月後

- 年金の振り込みが始まる。
- 以降、偶数月に２か月分が振り込まれる（年６回）。

年金請求の必要書類をチェック

本人に関するもの

	注意点
□ **年金手帳または基礎年金番号通知書**	複数ある場合はすべて添付する。
□ **戸籍謄本または戸籍抄本** ● 氏名・生年月日、配偶者や子との続柄が確認される。 ● 配偶者や子がいない場合は住民票（写し）でもよい。	受給権ができてからのもの（提出日の６か月以内）。単身者で、マイナンバーの記載がある場合は添付不要。
□ **マイナンバーカードなど** ● または通知カード*、マイナンバー表示の住民票（写し）。	すでに登録ずみなら、添付やマイナンバーの記入は不要。
□ **雇用保険被保険者証** ● 雇用保険加入の有無が確認される。	退職時に会社から受け取ったもの。
□ **請求者名義の預貯金通帳やキャッシュカード** ● 年金を受給する口座のもの。コピー可。	年金請求書に金融機関の証明を受けた場合は不要。

＊氏名、住所等が住民票の記載と一致する場合に限る。

配偶者や子に関するもの
（加給年金額や振替加算の対象かどうか確認される）

	注意点
□ **世帯全員の住民票（写し）**	提出日から６か月以内のもの。配偶者や子のマイナンバーの記載がある場合は添付不要。
□ **配偶者や子の収入が確認できる書類** ● 所得証明書、課税（非課税）証明書、源泉徴収票など。 ● 在学中の場合、在学証明書または学生証など。	年金請求書に、配偶者や子のマイナンバーの記載がある場合は添付不要。

注・その他、ケースにより異なる書類が必要になる場合があるので、事前によく確認を。

年金請求書の内容チェック①

年金請求書は、たくさんの書類で構成されています。
ただし印字されている項目も多く、記入については、
提出時に年金事務所でアドバイスやチェックも受けられます。

年金請求書の構成

確認・記入するページは20ページ程度（条件により異なる）。対向するページに記入の解説ページが設けられている。提出時には、記入内容を証明する一定の必要書類などをそろえる。

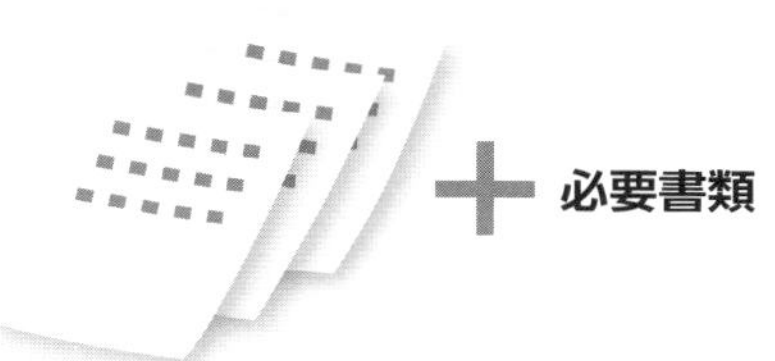

1ページ目

請求する本人の基本事項の確認

【送付実施機関：日本年金機構】

年金請求書（国民年金・厚生年金保険老齢給付）

● この年金請求書には、日本年金機構でお預かりしている情報をあらかじめ印字しています。
印字内容が異なっている場合は、二重線を引いて訂正してください。
（訂正した箇所については別途手続きが必要ですので、年金事務所等にご連絡ください）
● 記入する箇所は□の部分です。（（注）□は金融機関で証明を受ける場合に使用する欄です。）
● 黒インクのボールペンでご記入ください。鉛筆や、摩擦に伴う温度変化等により消色するインクを用いたペンまたはボールペンは、使用しないでください。
● 代理人の方が提出する場合は、ご本人（年金を受ける方）が12ページにある委任状をご記入ください。

受付登録コード　1 7 1 1
入力処理コード　4 3 0 0 0 1
シール貼付不要
市区町村　受付年月日
実施機関等　受付年月日

1．ご本人（年金を受ける方）の印字内容を確認のうえ、太枠内をご記入ください。

郵便番号
フリガナ
住所
フリガナ
氏名　様
性別

氏名欄
社会保険労務士の提出代行者欄

基礎年金番号　生年月日
電話番号1　－　－　電話番号2　－　－
＊日中に連絡が取れる電話番号（携帯も可）をご記入ください。　＊予備の電話番号（携帯も可）があればご記入ください。

2．年金の受取口座をご記入ください。 貯蓄預金口座または貯蓄貯金口座への振込みはできません。

受取機関 ※
1．金融機関（ゆうちょ銀行を除く）
2．ゆうちょ銀行（郵便局）
□ 公金受取口座として登録済の口座を指定

※1または2に○をつけ、希望する年金の受取口座を必ずご記入ください。
※また、指定する口座が公金受取口座として登録済の場合は、左欄に☑してください。
※公金受取口座については、最終ページをご参照ください。

フリガナ
口座名義人氏名　（氏）　（名）

年金送金先
金融機関　金融機関コード　支店コード　預金種別　口座番号（左詰めで記入）
1．普通　2．当座
ゆうちょ銀行　貯金通帳の口座番号　記号（左詰めで記入）　番号（右詰めで記入）
金融機関またはゆうちょ銀行の証明欄 ※

1

- 印字内容を確認して、空欄に記入する。
- 年金を受け取る金融機関について、必要事項を記入する。

印字内容に誤りがあれば、該当箇所を二重線で消して正しい内容を記入します。

年金請求書の内容チェック②

3ページ目、4ページ目

年金の加入記録の確認

- 印字された年金加入記録を確認する。
- 印字された以外に加入期間があれば、4ページ目に記入する。

3. これまでの年金の加入状況についてご確認ください。

（　　　　　　　　現在の年金加入記録を(2)に印字しています。）

(1)次の年金制度の被保険者または組合員となったことがある場合は、枠内の該当する記号を○で囲んでください。

ア．国民年金法	カ．私立学校教職員共済法
イ．厚生年金保険法	キ．廃止前の農林漁業団体職員共済組合法
ウ．船員保険法（昭和61年4月以後を除く）	ク．恩給法
エ．国家公務員共済組合法	ケ．地方公務員の退職年金に関する条例
オ．地方公務員等共済組合法	コ．旧市町村職員共済組合法

(2)下記の年金加入記録をご確認のうえ、印字内容が異なっているところは二重線を引いて訂正してください。
訂正した場合には「事業所(船舶所有者)の所在地または国民年金加入当時の住所」欄をご記入ください。

	事業所名称（支店名等）、船舶所有者名称または共済組合名称等	勤務期間(※)または国民年金の加入期間	年金制度	事業所（船舶所有者）の所在地または国民年金加入当時の住所	備考

(※) 厚年・船保・共済の（至）年月日については、退職日等の翌日を表示しています。

お客様の受給資格期間※

ご注意ください！
複数の年金手帳番号をお持ちの方は、一部の年金記録が基礎年金番号に反映されていない場合があります。

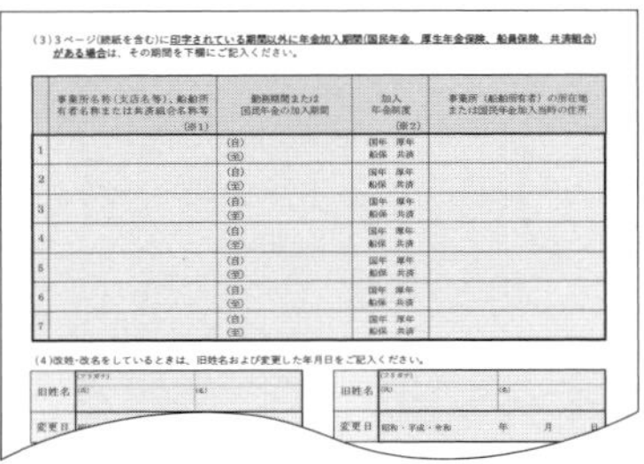

(3)3ページ(続紙を含む)に印字されている期間以外に年金加入期間(国民年金、厚生年金保険、船員保険、共済組合)がある場合は、その期間を下欄にご記入ください。

	事業所名称（支店名等）、船舶所有者名称または共済組合名称等（※1）	勤務期間または国民年金の加入期間	加入年金制度（※2）	事業所（船舶所有者）の所在地または国民年金加入当時の住所
1		(自) (至)	国年　厚年 船保　共済	
2		(自) (至)	国年　厚年 船保　共済	
3		(自) (至)	国年　厚年 船保　共済	
4		(自) (至)	国年　厚年 船保　共済	
5		(自) (至)	国年　厚年 船保　共済	
6		(自) (至)	国年　厚年 船保　共済	
7		(自) (至)	国年　厚年 船保　共済	

(4)改姓・改名をしているときは、旧姓名および変更した年月日をご記入ください。

旧姓名　(氏)　(名)
変更日　昭和・平成・令和　年　月　日

6ページ目

他の年金の受給状況、雇用保険の加入状況の確認

- すでにもらっている年金があれば記入する。
- 雇用保険の被保険者番号などを記入する。

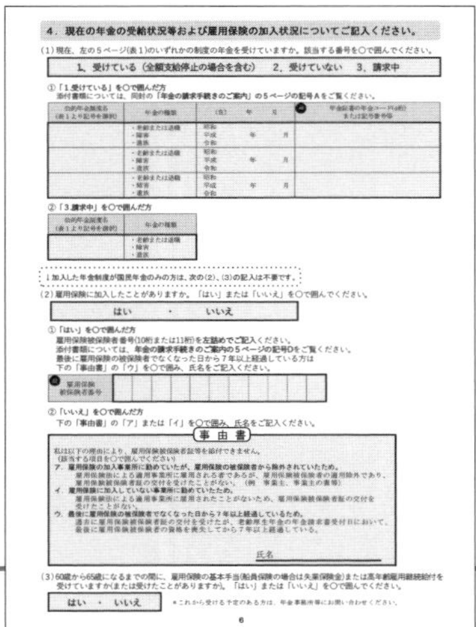

4．現在の年金の受給状況等および雇用保険の加入状況についてご記入ください。

(1)現在、左の5ページ(表1)のいずれかの制度の年金を受けていますか。該当する番号を○で囲んでください。

1．受けている（全額支給停止の場合を含む）　2．受けていない　3．請求中

①「1.受けている」を○で囲んだ方
添付書類については、同封の「年金の請求手続きのご案内」の5ページの記号Aをご覧ください。

公的年金制度名（表1より記号を選択）	年金の種類	(自)　年　月	年金証書の年金コード(4桁)または記号番号等
	・老齢または退職 ・障害 ・遺族	昭和 平成 令和　年　月	
	・老齢または退職 ・障害 ・遺族	昭和 平成 令和　年　月	
	・老齢または退職 ・障害 ・遺族	昭和 平成 令和　年　月	

②「3.請求中」を○で囲んだ方

公的年金制度名（表1より記号を選択）	年金の種類
	・老齢または退職 ・障害 ・遺族

↓加入した年金制度が国民年金のみの方は、次の(2)、(3)の記入は不要です。

(2)雇用保険に加入したことがありますか。「はい」または「いいえ」を○で囲んでください。

はい　・　いいえ

①「はい」を○で囲んだ方
雇用保険被保険者番号(10桁または11桁)を左詰めでご記入ください。
添付書類については、年金の請求手続きのご案内の5ページの記号Dをご覧ください。
最後に雇用保険の被保険者でなくなった日から7年以上経過している方は
下の「事由書」の「ウ」を○で囲み、氏名をご記入ください。

雇用保険被保険者番号

②「いいえ」を○で囲んだ方
下の「事由書」の「ア」または「イ」を○で囲み、氏名をご記入ください。

事由書

私は以下の理由により、雇用保険被保険者証等を添付できません。
（該当する項目を○で囲んでください）
ア．雇用保険の加入事業所に勤めていたが、雇用保険の被保険者から除外されていたため。
雇用保険法による適用事業所に雇用される者であるが、雇用保険被保険者の適用除外であり、雇用保険被保険者証の交付を受けたことがない。（例　事業主、事業主の妻等）
イ．雇用保険に加入していない事業所に勤めていたため。
雇用保険法による適用事業所に雇用されたことがないため、雇用保険被保険者証の交付を受けたことがない。
ウ．最後に雇用保険の被保険者でなくなった日から7年以上経過しているため。
過去に雇用保険被保険者証の交付を受けたが、老齢厚生年金の年金請求書受付日において、最後に雇用保険被保険者の資格を喪失してから7年以上経過している。

氏名

(3)60歳から65歳になるまでの間に、雇用保険の基本手当(船員保険の場合は失業保険金)または高年齢雇用継続給付を受けていますか(または受けたことがありますか)。「はい」または「いいえ」を○で囲んでください。

はい　・　いいえ　　＊これから受ける予定のある方は、年金事務所等にお問い合わせください。

6

8ページ目

配偶者や子についての確認

- 配偶者がいれば、氏名、生年月日、マイナンバー（基礎年金番号）などを記入する。
- 18歳の年度末までの子、20歳未満の障害のある子がいれば、氏名、生年月日、マイナンバーなどを記入する。

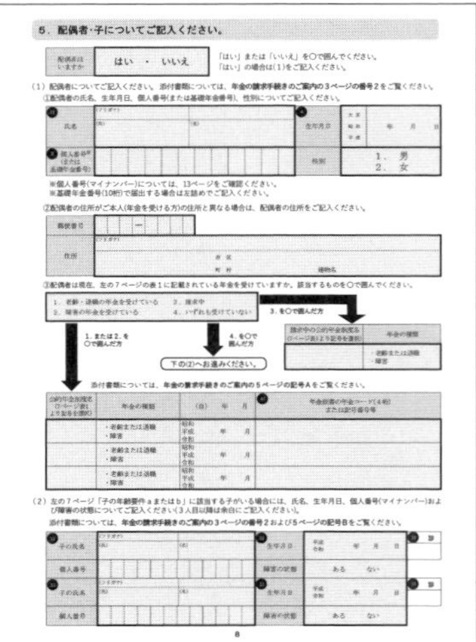

5．配偶者・子についてご記入ください。

配偶者はいますか　はい　・　いいえ　　「はい」または「いいえ」を○で囲んでください。「はい」の場合は(1)をご記入ください。

(1) 配偶者についてご記入ください。添付書類については、年金の請求手続きのご案内の3ページの番号2をご覧ください。
①配偶者の氏名、生年月日、個人番号(または基礎年金番号)、性別についてご記入ください。

氏名	(フリガナ) (氏)　(名)	生年月日	大正 昭和 平成　年　月　日
個人番号※（または基礎年金番号）		性別	1．男 2．女

※個人番号(マイナンバー)については、13ページをご確認ください。
※基礎年金番号(10桁)で届出する場合は左詰めでご記入ください。

②配偶者の住所がご本人(年金を受ける方)の住所と異なる場合は、配偶者の住所をご記入ください。

郵便番号	−
住所	(フリガナ) 市区 町村　建物名

③配偶者は現在、左の7ページの表1に記載されている年金を受けていますか。該当するものを○で囲んでください。

1．老齢・退職の年金を受けている　3．請求中
2．障害の年金を受けている　4．いずれも受けていない

1．または2．を○で囲んだ方
4．を○で囲んだ方　下の(2)へお進みください。
3．を○で囲んだ方

請求中の公的年金制度名（7ページ表1より記号を選択）	年金の種類
	・老齢または退職 ・障害

添付書類については、年金の請求手続きのご案内の5ページの記号Aをご覧ください。

公的年金制度名（7ページ表1より記号を選択）	年金の種類	(自)　年　月	年金証書の年金コード(4桁)または記号番号等
	・老齢または退職 ・障害	昭和 平成 令和　年　月	
	・老齢または退職 ・障害	昭和 平成 令和　年　月	
	・老齢または退職 ・障害	昭和 平成 令和　年　月	

(2) 左の7ページ「子の年齢要件aまたはb」に該当する子がいる場合には、氏名、生年月日、個人番号(マイナンバー)および障害の状態についてご記入ください(3人目以降は余白にご記入ください)。
添付書類については、年金の請求手続きのご案内の3ページの番号2および5ページの記号Bをご覧ください。

子の氏名	(フリガナ) (氏)　(名)	生年月日	平成 令和　年　月　日
個人番号		障害の状態	ある　ない
子の氏名	(フリガナ) (氏)　(名)	生年月日	平成 令和　年　月　日
個人番号		障害の状態	ある　ない

8

年金請求書の内容チェック③

10ページ目

配偶者や子の生計維持の確認

- 加給年金額（→66ページ）をもらうための項目。
- 配偶者や子と生計を同じくしている場合＊、配偶者や子の収入状況を記入する。

＊請求する人と配偶者や子が同じ収入により生活していること。

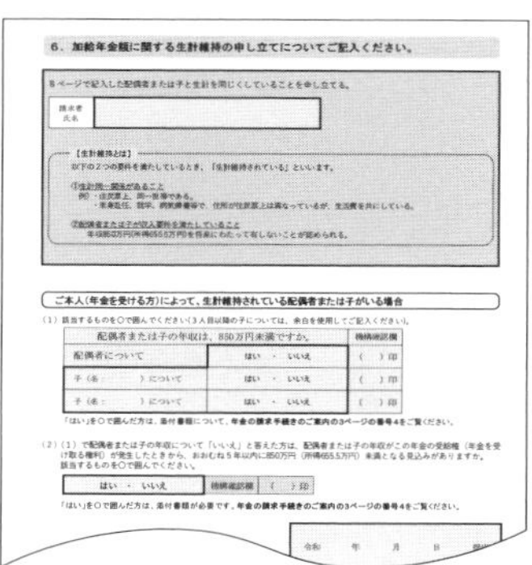

6．加給年金額に関する生計維持の申し立てについてご記入ください。

8ページで記入した配偶者または子と生計を同じくしていることを申し立てる。

請求者氏名

【生計維持とは】
以下の2つの要件を満たしているとき、「生計維持されている」といいます。

①生計同一関係があること
例）・住民票上、同一世帯である。
・単身赴任、就学、病気療養等で、住所が住民票上は異なっているが、生活費を共にしている。

②配偶者または子が収入要件を満たしていること
年収850万円(所得655.5万円)を将来にわたって有しないことが認められる。

ご本人(年金を受ける方)によって、生計維持されている配偶者または子がいる場合

（1）該当するものを○で囲んでください（3人目以降の子については、余白を使用してご記入ください）。

配偶者または子の年収は、850万円未満ですか。		機構確認欄
配偶者について	はい ・ いいえ	（　）印
子（名：　　　）について	はい ・ いいえ	（　）印
子（名：　　　）について	はい ・ いいえ	（　）印

「はい」を○で囲んだ方は、添付書類について、年金の請求手続きのご案内の3ページの番号4をご覧ください。

（2）（1）で配偶者または子の年収について「いいえ」と答えた方は、配偶者または子の年収がこの年金の受給権（年金を受け取る権利）が発生したときから、おおむね5年以内に850万円（所得655.5万円）未満となる見込みがありますか。
該当するものを○で囲んでください。

はい ・ いいえ	機構確認欄	（　）印

「はい」を○で囲んだ方は、添付書類が必要です。年金の請求手続きのご案内の3ページの番号4をご覧ください。

令和　年　月　日

14ページ目

基礎年金番号などの確認

- 印字された基礎年金番号以外の年金手帳などがある場合、その記号番号を記入する。
- マイナンバーが日本年金機構に未登録なら、マイナンバーを記入する。

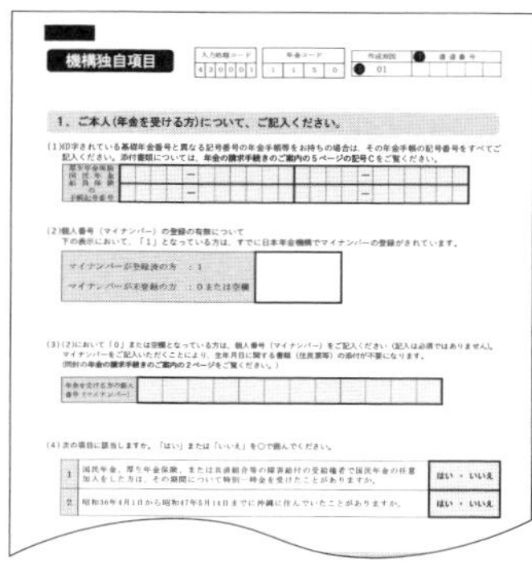

機構独自項目

入力処理コード	年金コード	作成原因	進達番号
430001	1150	01	

1．ご本人(年金を受ける方)について、ご記入ください。

（1）印字されている基礎年金番号と異なる記号番号の年金手帳等をお持ちの場合は、その年金手帳の記号番号をすべてご記入ください。添付書類については、年金の請求手続きのご案内の5ページの記号Cをご覧ください。

（2）個人番号（マイナンバー）の登録の有無について
下の表示において、「1」となっている方は、すでに日本年金機構でマイナンバーの登録がされています。

マイナンバーが登録済の方　：1
マイナンバーが未登録の方　：0または空欄

（3）（2）において「0」または空欄となっている方は、個人番号（マイナンバー）をご記入ください（記入は必須ではありません）。
マイナンバーをご記入いただくことにより、生年月日に関する書類（住民票等）の添付が不要になります。
（同封の年金の請求手続きのご案内の2ページをご覧ください。）

（4）次の項目に該当しますか。「はい」または「いいえ」を○で囲んでください。

1	国民年金、厚生年金保険、または共済組合等の障害給付の受給権者で国民年金の任意加入をした方は、その期間について特別一時金を受けたことがありますか。	はい ・ いいえ
2	昭和36年4月1日から昭和47年5月14日までに沖縄に住んでいたことがありますか。	はい ・ いいえ

16ページ目

配偶者の生計維持の確認

- 振替加算（→66ページ）をもらうための項目。
- 請求する人が配偶者に生計を維持されている場合、収入状況を記入する。

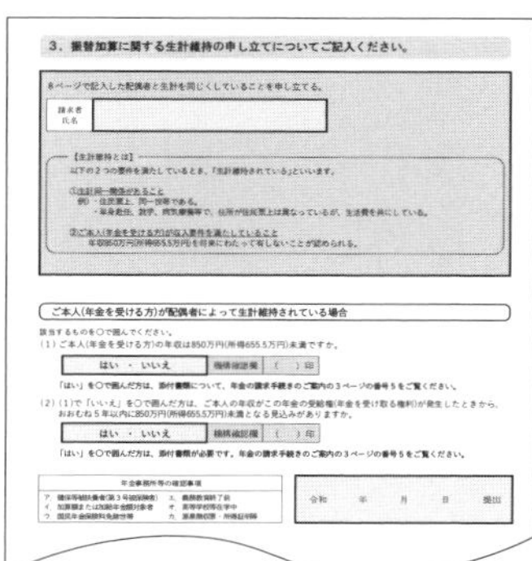

3．振替加算に関する生計維持の申し立てについてご記入ください。

8ページで記入した配偶者と生計を同じくしていることを申し立てる。

請求者氏名

【生計維持とは】
以下の2つの要件を満たしているとき、「生計維持されている」といいます。

①生計同一関係があること
例）・住民票上、同一世帯である。
・単身赴任、就学、病気療養等で、住所が住民票上は異なっているが、生活費を共にしている。

②ご本人(年金を受ける方)が収入要件を満たしていること
年収850万円(所得655.5万円)を将来にわたって有しないことが認められる。

ご本人(年金を受ける方)が配偶者によって生計維持されている場合

該当するものを○で囲んでください。
（1）ご本人(年金を受ける方)の年収は850万円(所得655.5万円)未満ですか。

はい ・ いいえ	機構確認欄	（　）印

「はい」を○で囲んだ方は、添付書類について、年金の請求手続きのご案内の3ページの番号5をご覧ください。

（2）（1）で「いいえ」を○で囲んだ方は、ご本人の年収がこの年金の受給権(年金を受け取る権利)が発生したときから、おおむね5年以内に850万円(所得655.5万円)未満となる見込みがありますか。

はい ・ いいえ	機構確認欄	（　）印

「はい」を○で囲んだ方は、添付書類が必要です。年金の請求手続きのご案内の3ページの番号5をご覧ください。

令和　年　月　日　提出

18ページ目

扶養親族などの確認

- 源泉徴収で税金の各種控除を受けるための項目。
- 印字内容を確認して、扶養親族などについて、氏名やマイナンバー、障害の有無などを記入する。
- マイナンバー記入の場合は、本人確認書類などが必要になる。

4．公的年金等の受給者の扶養親族等申告書についてご記入ください。

提出年　令和　年　　提出日　令和　年　月　日提出　　1150

（1）ご本人（年金を受ける方）のカナ氏名、生年月日、住所、基礎年金番号を確認し、氏名をご記入ください。
ご本人自身が障害者・寡婦等に該当しない場合は、下記事項を○で囲む必要はありません。

フリガナ／氏名／生年月日／住所／郵便番号／電話番号／基礎年金番号

う 本人障害　1．普通障害　2．特別障害
え 寡婦等　1．寡婦　2．ひとり親　4．寡婦　5．ひとり親
お 本人所得　年間所得の見積額が900万円を超える

（2）上記の提出年の扶養親族等の状況についてご記入ください。
うかきく については「摘要」欄に記入が必要な場合があります。17ページの各欄の説明をご覧ください。
（ご本人に控除対象配偶者や扶養親族がない場合は、下記事項を記入する必要はありません）

注・解説ページなどは取り上げていないため、ページは連続していない。

在職老齢年金

働きながらでも年金をもらうことができる

まとめ 年金は働いていてももらえるが、在職老齢年金により支給調整が行われることがある。

■ 年金と給与の合計額で決まる

働きながら老齢厚生年金をもらう場合、１か月当たりの年金額（報酬比例部分）と１か月当たりの月給およびボーナスの合計が一定額を超えると、超えた金額に基づいて年金額が減額されます。これが在職老齢年金です。

一定額（支給停止調整額）は年度ごとに改定され、**令和６年度は月 50 万円です。**70 歳以上で働く場合、厚生年金保険料を納める必要はなくなりますが、在職老齢年金はそのまま適用されます。また、厚生年金に加入しない働き方をしている人は対象外です。たとえば、①５人未満の個人事業所など厚生年金が適用されない事業所で働く、②アルバイトやパートタイマーとして働く（労働条件による）、③個人事業主として働くといった場合です。

■ 働いた期間分の保険料は年金に反映される

働きながら老齢厚生年金をもらっていても、働いている間は、厚生年金に加入して月給やボーナスから保険料を納めます。その分は年金額に反映されますが、これまで 65 歳以降に納めた保険料は 70 歳になるまで（または退職するまで）反映されませんでした。

これが改められ、令和４年４月からは、65 歳以上の会社員は年に一度年金額に反映されることになりました。これを在職定時改定といい、働きながら年金をもらう人の生活の充実につながります。

知っ得メモ **在職老齢年金の手続き**　年金の受給開始の際は本人が請求手続きを行うが、その後の賃金の変動などによる支給額の変更については、原則として手続き不要（会社が届け出を行う）。

在職老齢年金の計算（令和６年度）

１か月当たりの報酬比例部分の年金額（年金月額）　□円 ＋ １か月当たりの月給＋ボーナス（総報酬月額相当額）　□円 ＝ 合計　□円

合計が **50万円以下** → **年金はそのままもらえる**

合計が **50万円超** → **年金が減額される（支給調整）**

減額の計算式

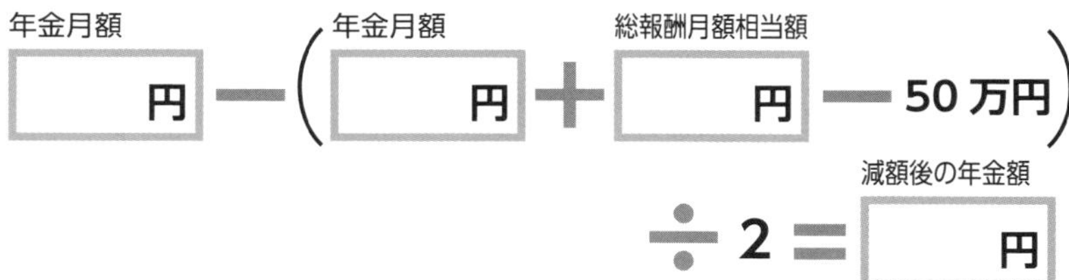

減額後の年金額

÷２＝　□円

マイナスなら年金は全額支給停止。

＼在職老齢年金により年金額はこうなる（例）／

	総報酬月額相当額 30万円	35万円	40万円	45万円
年金月額 5万円	−	−	−	−
10万円	−	−	−	7.5万円
15万円	−	−	12.5万円	10万円
20万円	−	17.5万円	15万円	12.5万円

注・−は減額なし。

繰り上げ受給

年金をもらう時期は早めることができる

まとめ 年金の受給開始は、繰り上げ受給で早めることができる。ただし、年金額は早めた期間により一定割合で減額される。

■60代前半から年金をもらえる

老齢年金は65歳からもらうことが原則ですが、受給開始は早めたり遅らせたりすることができます。早めることを繰り上げ受給、遅らせることを繰り下げ受給といいます。**繰り上げ受給では、受給開始を最大60歳まで早めることができます。ただし、早めた期間（月数）により年金は一定割合で減額されます。**減額率は1か月当たり0.4％です。

繰り上げ受給を始めるには、その前月に年金事務所などに繰り上げ請求を行います。なお、老齢基礎年金、老齢厚生年金どちらかだけという繰り上げはできません。

■変更や取り消しはできない

たとえば60歳まで繰り上げた場合（繰り上げ月数は60月）、年金額は24％の減額となります。この減額率は生涯変わらないため、長生きするほど総受給額で損になっていきます。

ただし、**いったん繰り上げ受給を始めると、その後に繰り上げ受給の時期を変更したり、取り消したりできません。**また、国民年金の任意加入ができなくなり、障害年金も受けられなくなります。

60代前半は働いて収入を確保できる場合も多いでしょう。繰り上げ受給は慎重に判断しなければなりません。

知っ得メモ **特別支給の老齢厚生年金と繰り上げ受給**　60代前半に特別支給の老齢厚生年金（→62ページ）をもらえる人は、支給開始年齢に達する前に繰り上げ請求ができる。

繰り上げ受給で月々の年金額は減る

減額率…1か月当たり 0.4%ダウン

繰り上げ後の年金額を計算

65歳からの年金額 ［　　円］ × 受給率 ［　　］ ＝ 繰り上げ後の年金額 ［　　円］

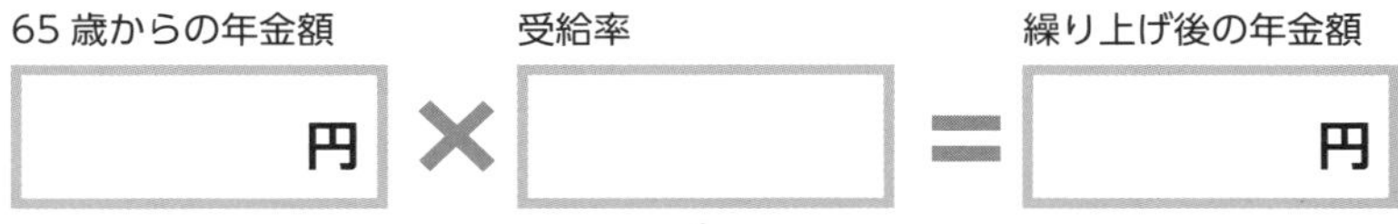

早めるほど受給率は下がる

繰り上げによる受給開始年齢	60歳	61歳	62歳	63歳	64歳	65歳
受給率	76%	80.8%	85.6%	90.4%	95.2%	100%

繰り上げ受給のデメリットを確認

- ☐ 取り消しや減額率の変更はできない。
- ☐ 障害年金が受けられなくなる。
- ☐ 国民年金の任意加入ができなくなる。

繰り下げ受給

年金受給を遅らせることで年金額を増やせる

まとめ 年金の受給開始は繰り下げ受給で遅らせることもできる。一定割合で年金が増額となるため、上手に活用したい。

■75歳まで繰り下げできる

老齢年金は、原則として65歳からもらい始めますが、1か月単位で受給開始を遅らせることができます。これを繰り下げ受給といいます。75歳までの繰り下げが可能です。繰り下げ受給の手続きは、65歳時の年金請求を保留して、繰り下げ受給を始めたい月に繰り下げ請求を行います。

年金額は、繰り下げ月数1か月当たり0.7%の増額になります。70歳までの繰り下げなら42%、75歳までの繰り下げなら84%のアップです。増額された年金額は生涯変わりません。

もっとも、受給開始が遅くなる分年金をもらう期間が短くなることもあり、総受給額でも有利になるとは限りません。

■資金計画と合わせて検討する

65歳以降も働くことで収入を得て、繰り下げ受給により70歳や75歳から増額された年金をもらって暮らすといった老後の設計が可能です。必ず具体的な金額で試算してみましょう。

老齢基礎年金と老齢厚生年金は、どちらかだけ繰り下げることもできます。また、夫婦どちらかの年金だけ繰り下げることも考えられます。たとえば、一般に長寿の傾向のある妻の年金を繰り下げると、増額した年金を長くもらえる可能性が高くなるでしょう。

知っ得メモ **みなし繰り下げ** 70歳から80歳までに通常の年金請求をする場合（5年前までの分は一括受給できる）、請求の5年前に繰り下げの申し出をしたものとして受給額が増額される制度。

繰り下げ受給で月々の年金は増える

増額率…1か月当たり 0.7%アップ

繰り下げ後の年金額を計算

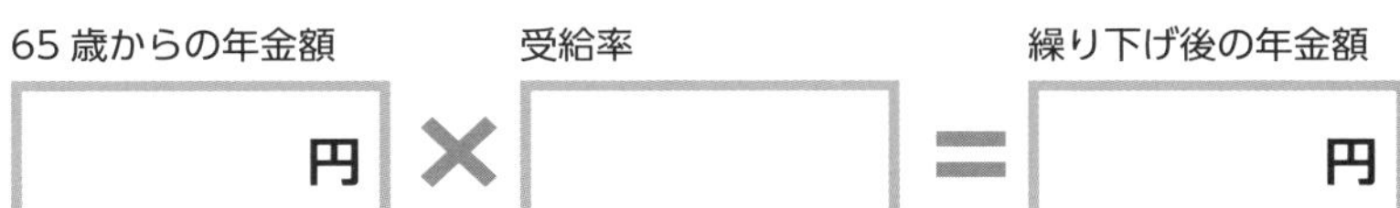

65歳からの年金額
円
×
受給率
=
繰り下げ後の年金額
円

希望する繰り下げ月数

100% ＋（0.7% × 　　月）

遅らせるほど受給率は上がる

繰り下げによる受給開始年齢	65歳	66歳	67歳	68歳	69歳
受給率	100%	108.4%	116.8%	125.2%	133.6%

70歳	71歳	72歳	73歳	74歳	75歳
142%	150.4%	158.8%	167.2%	175.6%	184%

老齢基礎年金、老齢厚生年金のどちらかだけや、夫婦どちらかの年金だけ繰り下げることもできます。

任意加入・付加年金

60 歳から年金額を アップする方法がある

まとめ 60 歳からの任意加入と付加年金により、65 歳からの老齢基礎年金を増やすことができる。

■ 60 歳から国民年金に加入できる

国民年金には、60 歳以降に加入できる任意加入という制度があります。これまでに保険料を納めていない期間や、保険料の免除、納付猶予を受けて追納できていない期間がある人などは、**任意加入して保険料を納めることで、65 歳からの老齢基礎年金を満額に近づけられます。**

厚生年金に加入している人は対象外です。また、繰り上げ受給により年金をもらい始めている人も任意加入はできません。

■ 保険料に 400 円上乗せして年金アップ

国民年金加入者には、毎月の保険料に 400 円を上乗せして納めることで、200 円×納付月数が年金額に加算される、付加年金という制度もあります。

60 歳から任意加入するとき、この付加年金も一緒に利用すれば、その分年金額を増やすことができます。老齢基礎年金を繰り下げ受給した場合には、付加年金の加算分も増額されます。

これも知っておこう

年金が少ない人には支援制度がある

65 歳以降に年金を含めた所得が一定基準を下回る人は、年金生活者支援給付金をもらえます。たとえば、前年の公的年金額とその他の所得の合計が 87 万 8900 円以下で世帯全員が市町村民税非課税なら、月 5310 円（基準額・令和 6 年度）です。この給付金をもらうには、本人の請求手続きが必要です。

任意加入と付加年金で年金は増やせる（例）

65歳までの5年間
任意加入する

納める保険料は月1万6980円（令和6年度）×5年（60月）。

老齢基礎年金の増加額

81万6000円 × 5年/40年 ＝ 年10万2000円

この5年間
付加年金保険料
も納める

納める保険料は月400円×5年（60月）。

付加年金額

200円 × 5年（60月）＝ 年1万2000円

任意加入の増加額と付加年金額の合計　年11万4000円

65歳からの年金

年金額アップ

注意！
いずれも厚生年金加入者（第2号被保険者）は対象外。

企業年金

過去に加入していた会社の年金を忘れない

まとめ 会社からもらえる企業年金は、その受給方法や手続きをよく確認する。転職経験がある人などは、過去の企業年金加入も確認する。

■大きく3つのタイプがある

企業年金は、退職したときに会社から支給される年金です。制度の有無や内容は、会社により異なります。

最も一般的な企業年金は、あらかじめもらえる年金額が決められている確定給付企業年金です。厚生年金基金も確定給付型の企業年金ですが、他の企業年金制度へ移行が進んでいます。確定拠出年金は、あらかじめ会社が出す掛金の額が決められており、社員の運用でもらえる年金額が決まります。

企業年金は分割して年金でもらうほか、一時金としてもらえる場合もあります。税金や退職後の資金計画との兼ね合いで選択します。

■企業年金の請求忘れに注意

会社を退職して企業年金をもらうときの請求手続きは、基本的に自分で行います。手続きの詳細や選択肢について、退職前に会社に確認しておきます。

転職経験がある人などは、過去に加入していた企業年金に注意します。自分では加入を把握していない、制度はあったがもらえないと思い込んでいるということもあるため、当時の会社に問い合わせるなどよく調べてみてください。当時勤めていた会社や基金がなくなっている、加入期間10年未満など短期間の企業年金なら、企業年金連合会*が引き継いで管理しているケースもあります。

知っ得メモ **中小企業退職金共済制度（中退共）** 中小企業のために設けられた、社外積立による退職金給付制度。会社が中退共と契約を結んで掛金を納めることで社員の退職金に備える。

＊中途脱退者の企業年金を管理する機関。問い合わせ先は企業年金コールセンター（0570-02-2666）。

代表的な企業年金の種類と特徴

確定給付企業年金

- 年金額はあらかじめ決められている。
- 資金の管理・運用の違いにより、基金型と規約型がある。

厚生年金基金

- 年金額はあらかじめ決められている。
- 厚生年金の一部を代行（国に代わって運用して給付）する。

確定拠出年金

- 年金額は加入者本人による掛金の運用により決まる。
- 会社が掛金を出す「企業型」と個人が加入する「個人型」（iDeCo）がある。

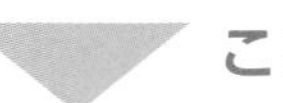

ここをチェック！

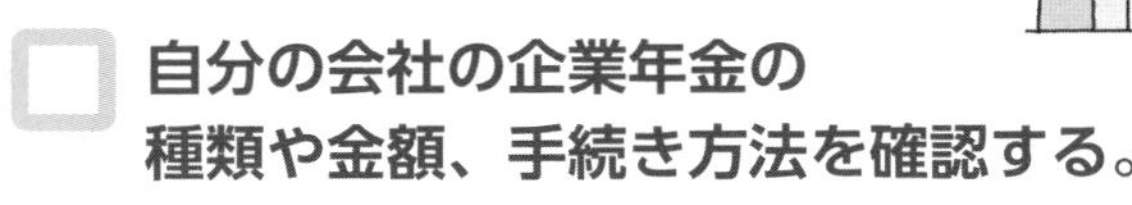

- □ 自分の会社の企業年金の種類や金額、手続き方法を確認する。
- □ 転職などで過去に加入していた企業年金がないか調べる。

これも知っておこう

公務員には年金払い退職給付がある

公務員の共済年金は、平成 27 年に厚生年金に一元化されました。このとき、共済年金の３階部分である「職域加算分」が廃止され、代わりに「年金払い退職給付」が設けられました。厚生年金保険料とは別に納める保険料に基づく「付与額＋利子」を財源として、半分は有期年金（10 年または 20 年）、半分は終身年金としてもらえます。

遺族年金①

配偶者が亡くなったときの遺族年金を知っておく

まとめ **遺族年金(遺族基礎年金と遺族厚生年金)は、公的年金の加入者や受給者のための死亡保障。もらえる遺族の範囲や支給条件に注意。**

■遺族によって遺族年金の内容は異なる

会社員や老齢厚生年金をもらっている人が亡くなった場合、その配偶者や子は遺族年金をもらえます。遺族年金は、公的年金による遺族への死亡保障で、遺族基礎年金と遺族厚生年金があります。

亡くなった人に生計を維持されていた18歳の年度末までの子*、**または その子と生計を同じくしている配偶者は遺族基礎年金をもらえます。**このとき、**亡くなった人が厚生年金の加入者か老齢厚生年金の受給者等だった場合は、加えて遺族厚生年金をもらえます(配偶者が夫なら55歳以上)。**

上記の子がいない配偶者(夫は55歳以上)は、遺族厚生年金のみです。また遺族厚生年金は、配偶者や子以外の遺族がもらえることもあります。

■遺族の年齢に注意

子が18歳の年度末に達すると、その子は遺族年金をもらえなくなります。配偶者は遺族厚生年金のみとなります。このとき、40歳以上65歳未満の妻なら、中高齢寡婦加算が上乗せされます(**→94ページ****)。**また、再婚すると遺族年金は支給されません。

遺族年金をもらっている配偶者に老齢年金の受給権ができた場合は、65歳まではどちらかを選びます。65歳になったときは、まず自分の老齢年金が優先され、その年金額が遺族年金より少なければ差額が上乗せされます。

知っ得メモ **国民年金の独自給付**　遺族基礎年金が対象外の遺族は、亡くなった人の国民年金加入期間により、一定期間の寡婦年金または死亡一時金をもらえる場合がある。

＊正確には、18歳になった以後の最初の3月31日までの間にある子。または20歳未満の障害のある子(以下同)。

会社員、元会社員の遺族年金を確認

亡くなった人（❶と❷のどちらかに当てはまる）

❶ 厚生年金に加入している*

- 加入期間の2/3以上保険料を納めている（または亡くなった月の前々月までの１年間に保険料の滞納がない）。

＊加入期間中の病気やケガが原因で亡くなった場合を含む。

❷ 老齢厚生年金をもらっていた（または受給権者）

- 受給資格期間の合計が 25 年以上。

遺族年金をもらえる人（❶と❷の両方に当てはまる）

❶ 亡くなった人に生計を 維持されていた、❷下のいずれかの人

18 歳の年度末までの子

配偶者

- 18 歳の年度末までの子がいる
- 18 歳の年度末までの子がいない（夫なら 55 歳以上）

左の配偶者、子がいない場合

①55 歳以上の父母
②18 歳の年度末までの孫
③55 歳以上の祖父母
（番号は優先順位）

遺族厚生年金*

＊夫なら 55 歳以上。

遺族厚生年金

※ 40 歳以上 65 歳未満で 18 歳の年度末までの子のいない妻には、中高齢寡婦加算が上乗せされる。

注・18 歳の年度末までの子、孫には、20 歳未満の障害のある子、孫を含む。

遺族年金②

老齢厚生年金の約4分の3がもらえる

まとめ　遺族年金の金額は、遺族の立場や亡くなった人の老齢年金額などによって異なる。一定の妻には上乗せ分もある。

■妻の遺族厚生年金には上乗せあり

遺族基礎年金の額は年81万6000円（68歳以下＊）です。子には加算額があり、第二子までは1人につき23万4800円、第三子以降は1人につき7万8300円が加算されます（令和6年度）。

遺族厚生年金の額は、亡くなった人の老齢厚生年金（報酬比例部分）の4分の3です。また、40歳以上65歳未満で18歳の年度末までの子がいない妻には中高齢寡婦加算があり、年61万2000円（令和6年度）が65歳になるまで上乗せされます。65歳以降は昭和31年4月1日以前生まれの妻には経過的寡婦加算があります。金額は生年月日により異なります（昭和30年4月2日～昭和31年4月1日生まれは年2万367円・令和6年度）。

定年後に夫が亡くなった後、生計を維持されていた妻の生活は遺族年金が支えます。十分な金額かどうか確認が必要です。

■遺族年金用の年金請求書を提出する

遺族年金をもらうためには、遺族が年金事務所などに請求手続きを行います。遺族年金の年金請求書を作成して、年金手帳や戸籍謄本、住民票の写しなどの添付書類とともに提出します。

請求から1～2か月で年金証書や年金決定通知書などが届き、その1～2か月後に年金の振り込みが始まります。

知っ得メモ　**第三者行為による死亡**　交通事故など、第三者の行為が原因で亡くなった場合は、それを証明する書類も必要になる（第三者行為事故状況届、交通事故証明など）。

＊69歳以上は81万3700円（令和6年度）。

遺族年金はこう計算する

遺族基礎年金

（18 歳の年度末までの子がいる場合に、A または B の金額がもらえる）

A 配偶者がもらう場合

81万6000円（68 歳以下） ＋ **子の加算額** ＝ 年　　　　円

第二子まで　**年 23 万 4800 円**（1 人につき）
第三子以降　**年 7 万 8300 円**（1 人につき）

B 子がもらう場合

年 **81万6000** 円

子が 2 人以上の場合は、第一子の分を除く子の加算額を足す。
この合計を人数で割った金額が 1 人当たりの金額となる。

遺族厚生年金

老齢厚生年金
（報酬比例部分）の額

　　　　円 × $\frac{3}{4}$ ＝ 年　　　　円

40 歳以上 65 歳未満で 18 歳の年度末までの子のいない妻の場合は、
中高齢寡婦加算（61 万 2000 円）を加える。

配偶者が先に亡くなった後の生活を考えるために、知っておきたい金額です。

遺族基礎年金と遺族厚生年金の合計

年　　　　円

注・金額はいずれも令和 6 年度。

年金の税金など

年金からは税金と社会保険料が天引きされる

まとめ 所得税や住民税、社会保険料は、一般に年金の振り込み時に源泉徴収や特別徴収により天引きされる。

■天引きの中身を確認する

老齢年金には、現役時代の給与と同様に税金がかかります。**65歳未満なら年金額が年108万円、65歳以上なら年158万円を超えると所得税（および復興特別所得税）が源泉徴収されます。**都道府県や市区町村に納める住民税もかかり、65歳から天引き（特別徴収）されます。

また、**年金生活になっても国民健康保険料（75歳から後期高齢者医療保険料）、介護保険料を負担します。この保険料も年金から差し引かれます。**

これらの負担の平均は、65歳以上の夫婦のみの無職世帯で実収入（社会保障給付＋その他）の約13%*となり、見逃せない金額です。年金はそのままの金額が振り込まれるわけではないのです。

なお年金に対する税金は、公的年金等控除（右ページ）により低めに抑えられています。また、公的年金の額が400万円を超える場合や、年金以外に年20万円を超える所得がある場合は確定申告が必要です（→168ページ）。

これも知っておこう

個人年金保険の税金は公的年金と合計して課税される

個人年金保険を受け取る場合、公的年金と同様に雑所得となり、所得税と住民税がかかります。個人年金の額から必要経費（払い込んだ保険料分）を差し引いた金額が課税対象です。他の所得との合計額に課税されます。

なお、契約者と受取人が異なる場合（契約者が夫、受取人が妻など）、最初の年は贈与税がかかり、２年目から所得税・住民税となります。

＊「家計調査年報（家計収支編）2022年」（総務省）による。

年金から差し引かれるもの

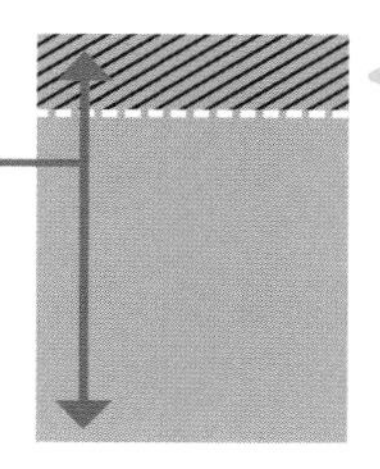

年金額

老齢基礎年金、老齢厚生年金のほか、企業年金など。

❶社会保険料が差し引かれる（特別徴収）

国民健康保険料（75歳からは後期高齢者医療保険料）、介護保険料。

注・65歳になるまでは自分で納める。

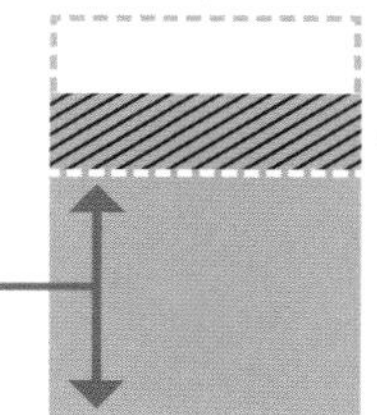

❷税金が差し引かれる（所得税の源泉徴収、住民税の特別徴収）

所得税（＋復興特別所得税）の税率…5.105％

住民税の税率（標準税率）…10％（所得割）＋5000円（均等割等）

年金額から一定の所得控除（基礎控除、公的年金等控除など）を差し引いた金額に税率を掛ける。

実際に振り込まれる金額

POINT

所得税は、年金額が年108万円超（65歳未満）、年158万円超（65歳以上）なら源泉徴収される。住民税は65歳になるまでは自分で納める。年金額が18万円以上なら65歳から天引き（特別徴収）。

参考 年金額から差し引かれる「公的年金等控除」

年金額（年額）	控除される額
330万円以下	110万円
330万円超410万円以下	年金額×25％＋27万5000円
410万円超770万円以下	年金額×15％＋68万5000円
770万円超1000万円以下	年金額×5％＋145万5000円
1000万円超	195万5000円

注・65歳以上で、公的年金等以外の所得が1000万円以下の場合の控除額。

年金受給中の手続き

年に一度、扶養親族等申告書と源泉徴収票を確認する

まとめ 扶養親族等申告書は翌年の控除の確認書類、源泉徴収票は差し引かれた税金の証明。必ず内容の確認を。

■税金に関する書類が送られてくる

年金をもらうようになると、毎年9～11月ごろ、日本年金機構から扶養親族等申告書が送られてきます。**年金受給者が、本人や配偶者、扶養家族の状態などについて申告するための書類です。**

この書類を返送することで、翌年の源泉徴収で所得税の各種控除（配偶者控除、扶養控除、障害者控除、寡婦控除など）を受けることができます。年金に所得税がかからない人*には送られません。返送しなかった場合、該当するはずの控除が受けられなくなり、その分税金が高くなることがあります。

年金から所得税が源泉徴収されている人には、1月半ばごろに源泉徴収票が送られてきます。前年の年金額や源泉徴収で納めた税額などを確認できます。確定申告書の作成などで必要になるため、大切に保管しましょう。

■年金関連の届け出を確認

年金受給中に結婚や離婚などで氏名が変わったときは、「年金受給権者 氏名変更届」を変更から10日以内に提出します。引っ越しなどで住所や年金を受け取る金融機関を変更するときは、「年金受給権者 住所変更届」「年金受給権者 受取機関変更届」を提出します。

ただし、**年金請求のときなどにマイナンバーを日本年金機構に登録していれば、氏名変更届と住所変更届の提出は原則不要です。**

知っ得メモ **通知書類の再交付** 年金額改定通知書や年金振込通知書などの再交付は届出書の提出によるほか、ねんきんネットやねんきんダイヤルなどに申し込むこともできる。

＊65歳未満は年108万円以下、65歳以上は年158万円以下。

扶養親族等申告書の記入ポイント

注・新規、継続などにより、記入欄などは多少異なる。

令和6年分　公的年金等の受給者の扶養親族等申告書

受給者	個人番号(または基礎年金番号)	年金コード

*基礎年金番号（１０桁）で届出する場合は左詰めでご記入ください。

提出年月日	令和　年　月　日

機構使用欄

A 受給者

下記❶～❸は該当なしの場合は記入不要です。

フリガナ		❶ 本人障害	1.普通障害　2.特別障害
氏　名		❷ 寡婦等 本人の年間所得見積額500万円以下	1.寡婦（子がいない女性の方）　2.ひとり親（子がいる方）
住　所		退職所得を除いた所得見積額で要件に該当	地方税(個人住民税)控除のみ 4.寡婦　5.ひとり親
電話番号			
生年月日		❸ 本人所得	年間所得の見積額が**900万円を超える**場合は右の欄に○をしてください。

本人について

氏名、住所など。本人の障害の有無、寡婦・ひとり親に該当するかなど。

B 控除対象となる配偶者

	❹ 源泉控除対象配偶者 または 障害者に該当する同一生計配偶者	❺ 配偶者の区分		❻ 配偶者障害 該当なしの場合は記入不要
フリガナ		配偶者の収入が年金のみで、下記1、2のどちらかに該当の方は右の欄に○をしてください。 1．65歳以上の場合、年金額が158万円以下の方 2．65歳未満の場合、年金額が108万円以下の方		1.普通障害　2.特別障害
氏　名				❼ 同居等の区分 国外居住の有無 国内居住の場合は記入不要
機構使用欄		上記以外の場合 「手引き」を参照し、右の欄に年間所得の見積額をご記入ください(収入がない方はゼロを記入)。	万円	
続　柄	1.夫　2.妻			1.同居　2.別居
生年月日	1.明　3.大　5.昭　7.平 年　月　日	退職所得がある方は、右の欄に○をしたうえで、上記金額から退職所得を除いた金額をご記入ください(退職所得がない方は記入不要です)。	退職所得あり 万円	1.非居住者 ❽ 配偶者老人区分 2.老人 配偶者の所得見積額が48万円以下かつ70歳以上の場合に該当
個人番号(マイナンバー)		機構使用欄		

控除対象の配偶者について

氏名、マイナンバーなど。所得や障害の有無、同居か別居かなど。

C 扶養親族（３人目以降は裏面にご記入ください）

	❾ 控除対象扶養親族(16歳以上)または扶養親族(16歳未満)※	続柄	生年月日 ❿ 特定・老人の種別	⓫ 障害 該当なしの場合は記入不要	⓬ 同居等の区分 国外居住の有無 国内居住の場合は記入不要	⓭ 年間所得の見積額 退職所得のある方 退職所得を除いた所得額
フリガナ 氏名 機構使用欄 個人番号(マイナンバー)		3 子 4 孫 5 父母祖父母 6 兄弟姉妹 7 その他 8 甥姪等 9 三親等以内の親族	1.明　3.大　5.昭　7.平　9.令 年　月　日 1.特定　2.老人	1.普通障害 2.特別障害	1.同居　2.別居 国外居住 2.30歳未満70歳以上　3.留学 4.障害者　5.年38万円以上送金	48万円以下　48万円超 退職所得あり 退職所得を除いた金額が48万円以下
フリガナ 氏名 機構使用欄 個人番号(マイナンバー)		3 子 4 孫 5 父母祖父母 6 兄弟姉妹 7 その他 8 甥姪等 9 三親等以内の親族	1.明　3.大　5.昭　7.平　9.令 年　月　日 1.特定　2.老人	1.普通障害 2.特別障害	1.同居　2.別居 国外居住 2.30歳未満70歳以上　3.留学 4.障害者　5.年38万円以上送金	48万円以下　48万円超 退職所得あり 退職所得を除いた金額が48万円以下

※扶養親族（16歳未満）の記載は、地方税法第45条の3の3および第317条の3の3の規定による「公的年金等の受給者の扶養親族等申告書」の記載を兼ねています。

控除対象の扶養親族について

氏名、マイナンバーなど。障害の有無、同居か別居か、所得など。３人目以降や補足事項を裏面に記入する。

新規（最初の扶養親族等申告書）

- 上記について記入して返送する。
- 控除対象の配偶者や扶養親族がおらず、本人が障害者や寡婦・ひとり親に該当しない場合は提出不要。

継続（２回目以降）

- 前年の申告内容が印字されている。
  内容に変更がないか確認して返送する。

注意！

申告書を提出しないと、翌年の源泉徴収で配偶者控除や扶養控除などが受けられない。

離婚と年金

離婚の場合は年金も公平に分けることができる

まとめ もしも離婚となった場合、夫婦の年金は一定のルールにより分割できる。分割には３号分割と合意分割の２つがある。

■結婚中の厚生年金期間を分割する

夫婦どちらかまたは両方に婚姻期間中の厚生年金加入期間があれば、離婚時にその権利を分割できます。結婚前の厚生年金加入期間、国民年金（基礎年金）部分は分割の対象ではありません。年金分割は、すでに年金受給中であっても行うことができます。

原則として、夫婦が協議のうえで合意して、２分の１を上限に権利を分割します（合意分割）。ただし、平成20年４月以降の第３号被保険者期間については、合意がなくてもその期間分を２分の１に分割できます（３号分割）。

■家庭裁判所に申し立てをすることも

離婚することが決まり年金分割の協議を行うには、まず年金事務所に「年金分割のための情報提供請求書」を提出して、必要な年金情報（「年金分割のための情報通知書」）を入手します。

この情報をもとに夫婦で協議を行って合意できれば、合意内容に基づいて、年金事務所に年金分割の請求を行います（「標準報酬改定請求書」の提出）。これにより、それぞれの年金額が変更されます。

協議がまとまらない場合は、どちらか一方が家庭裁判所に申し立てをして、審判や調停により分割割合を確定させることになります。

分割請求の期限は、原則として離婚した日の翌日から２年です。

知っ得メモ **標準報酬改定通知書**　年金分割による標準報酬（老齢厚生年金のもとになる金額）が記載された書類。この通知書の内容により新しい年金額が決まる。

年金分割の考え方（合意分割）

分割前の夫の年金

老齢厚生年金 ｝A
老齢基礎年金

分割前の妻の年金

老齢厚生年金 ｝B
老齢基礎年金

国民年金部分（老齢基礎年金）、婚姻前・離婚後の厚生年金加入期間は対象外。

国民年金部分（老齢基礎年金）、婚姻前・離婚後の厚生年金加入期間は対象外。

婚姻期間中の厚生年金部分を合計する（A＋B）

A ― 夫の婚姻期間中の厚生年金部分
B ― 妻の婚姻期間中の厚生年金部分

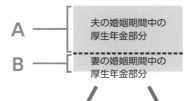

POINT

妻に厚生年金加入期間がない場合は、夫の婚姻期間中の厚生年金部分を分割する。平成20年4月以降の第3号被保険者期間は、合意なしで分割できる（3号分割）。

夫婦の合意によりA＋Bを分割する（1/2が上限）

分割後の夫の年金

老齢厚生年金
老齢基礎年金

分割後の妻の年金

老齢厚生年金
老齢基礎年金

定年後の年金保険料

退職後に年金加入するケースを押さえておく

まとめ 会社を退職した後は、年齢や労働条件などによって、引き続き厚生年金に加入するケース、国民年金に加入するケースがある。

■配偶者の種別変更に注意する

定年退職後に再雇用された、別の会社に再就職したという場合、70歳未満なら厚生年金に加入します。ただし、1週間の所定労働時間と1か月の所定労働日数のどちらかが正社員の4分の3未満なら、原則として対象外です（→右ページ）。こうした人は、もし老齢基礎年金の満額に達していなければ、60歳からの国民年金の任意加入を検討します。

会社員などに扶養されている配偶者は、相手が引き続き厚生年金に加入する場合は第3号被保険者のままです。しかし、相手が退職すれば第3号被保険者の資格を失います。このとき**配偶者自身が60歳未満なら、自ら国民年金に加入する必要があります（第1号被保険者への種別変更）。**この加入手続きは、会社の退職の翌日から14日以内に市区町村役場で行います。

■保険料額の変化をつかむ

国民年金の保険料は、月1万6980円の定額です（令和6年度）。まとめて納めるか（前納）、口座振替を利用すると割引があります。

厚生年金の保険料は、毎月の月給（標準報酬月額）とボーナス（標準賞与額）にそれぞれ保険料率（18.3％）を掛けて計算され、会社と社員で2分の1ずつ負担します。月給やボーナスが多ければ保険料もアップしますが、その分老齢厚生年金の額も増えます。

知っ得メモ **国民年金保険料の前納**　1年分の前納は3620円（4270円）、2年分の前納は1万5290円（1万6590円）の割引を受けられる（令和6年度）。（　）内の金額は口座振替の場合。

退職後に年金に加入する主なケース

国民年金に加入するケース

- □ 60歳より前に退職して、再就職していない。
- □ 退職後、60歳から国民年金に任意加入する。
(→ 88ページ)
- □ 夫の退職後、専業主婦の妻がまだ60歳前。

いつまで／どこへ 退職の翌日から14日以内に住所地の市区町村役場へ。

国民年金保険料 月1万6980円（令和6年度）

厚生年金に加入するケース

- □ 退職後すぐ、同じ会社で再雇用や継続雇用される。
- □ 退職後に別の会社に再就職する。

注・60歳前に退職して就職活動をする場合は、
その間国民年金に加入する。

いつまで／どこへ 加入手続きは会社が行う。

厚生年金保険料

月給（標準報酬月額）× 18.3%
ボーナス（標準賞与額）× 18.3%

- いずれも加入者と会社が半分ずつ負担する。

注意！

パートやアルバイトでも週の所定労働時間と月の所定労働日数が正社員の3/4以上*なら加入対象。

＊3/4未満でも、週の所定労働時間20時間以上、給与月額8万8000円以上、雇用期間2か月超見込みなら加入対象（従業員数要件あり）。

未支給年金

受給者が亡くなったときの年金手続きに注意する

まとめ 年金受給者が亡くなったとき、遺族はすみやかに「受給権者死亡届」と「未支給年金請求書」を提出する。

死亡届はすみやかに提出する

年金をもらっている人が亡くなったとき、遺族は受給権者死亡届を提出します。提出先は老齢基礎年金だけの人なら市区町村役場、老齢厚生年金をもらっていた場合は年金事務所などです。

亡くなった後に年金が振り込まれた場合、返還が必要となり煩雑な手続きが生じるため、すみやかに提出しましょう。ただし、亡くなった人が日本年金機構にマイナンバーを登録していれば、この手続きを省略できます。

もらえるはずの年金を確認

年金は亡くなった月の分までもらう権利があります。振り込まれる年金は前月と前々月分であるため、亡くなった月により１～３か月分の未支給年金が生じます（→右ページ）。

未支給年金は遺族が請求します。もらうことができる遺族は、亡くなった人と生計を同じくしていた、①配偶者、②子、③父母、④孫、⑤祖父母、⑥兄弟姉妹、⑦その他の三親等内の親族です（数字は優先順位）。

請求には、受給権者死亡届とセットになっている未支給年金請求書を提出します。亡くなった人の年金証書、亡くなった人と請求者の続柄が確認できる書類、亡くなった人と生計を同じくしていたことがわかる書類などを添付します。なお、未支給年金の請求の時効は亡くなってから５年です。

知っ得メモ **納めすぎた保険料の返還** 国民年金資格喪失日（亡くなった日の翌日）の属する月以降分の国民年金保険料をすでに納付していたときは、原則還付される。

未支給年金の内容と手続き

亡くなった月の分までもらえる

偶数月に亡くなった場合
その月分の年金を請求できる。その月の振り込みの前なら、その分も請求できる（前月、前々月分）。

奇数月に亡くなった場合
その月分と前月分の年金を請求できる。

▼未支給年金・未支払給付金請求書

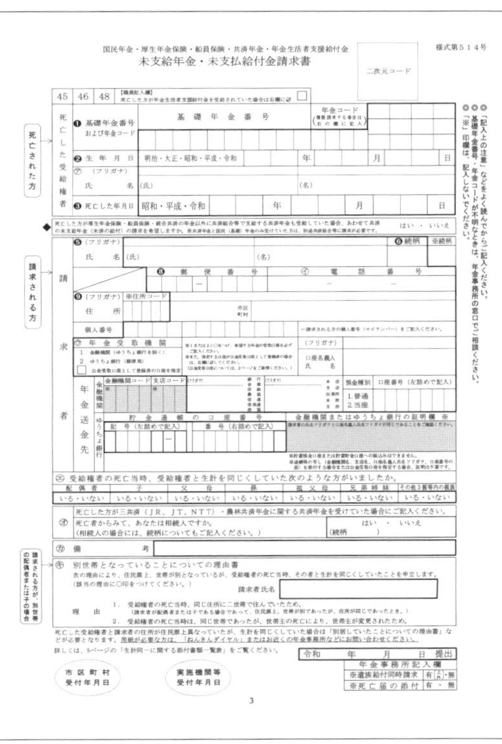
国民年金・厚生年金保険・船員保険・共済年金・年金生活者支援給付金
未支給年金・未支払給付金請求書
様式第５１４号
二次元コード
45 46 48 【職員記入欄】
死亡された方
死亡した受給権者
❶ 基礎年金番号および年金コード　基礎年金番号　年金コード（複数請求する場合は右の欄に記入）
❷ 生年月日　明治・大正・昭和・平成・令和　年　月　日
㋐（フリガナ）氏名（氏）（名）
❸ 死亡した年月日　昭和・平成・令和　年　月　日
◆ はい・いいえ
請求される方
請求者
❺（フリガナ）氏名（氏）（名）　❻ 続柄　※続柄
❽ 郵便番号　㋑ 電話番号
❾（フリガナ）住所　※住所コード　市区町村
個人番号
㋒ 年金受取機関
1. 金融機関（ゆうちょ銀行を除く）
2. ゆうちょ銀行（郵便局）
公金受取口座として登録済の口座を指定
（フリガナ）口座名義人氏名
年金送金先
金融機関　金融機関コード　支店コード　預金種別　1.普通 2.当座　口座番号（左詰めで記入）
ゆうちょ銀行　貯金通帳の口座番号　記号（左詰めで記入）　番号（右詰めで記入）
金融機関またはゆうちょ銀行の証明欄 ※
㋓ 受給権者の死亡当時、受給権者と生計を同じくしていた次のような方がいましたか。

配偶者	子	父母	孫	祖父母	兄弟姉妹	その他3親等内の親族
いる・いない	いる・いない	いる・いない	いる・いない	いる・いない	いる・いない	いる・いない

㋔ 死亡した方が三共済（ＪＲ、ＪＴ、ＮＴＴ）・農林共済年金に関する共済年金を受けていた場合にご記入ください。
死亡者からみて、あなたは相続人ですか。
（相続人の場合には、続柄についてもご記入ください。）
はい・いいえ
（続柄　　）
㋕ 備考
請求される方が、別世帯の配偶者または子の場合
㋖ 別世帯となっていることについての理由書
次の理由により、住民票上、世帯が別となっているが、受給権者の死亡当時、その者と生計を同じくしていたことを申立します。
（該当の理由に○印をつけてください。）
請求者氏名
理由
1. 受給権者の死亡当時、同じ住所に二世帯で住んでいたため。
（請求者が配偶者または子である場合であって、住民票上、世帯が別であったが、住所が同じであったとき。）
2. 受給権者の死亡当時は、同じ世帯であったが、世帯主の死亡により、世帯主が変更されたため。
死亡した受給権者と請求者の住所が住民票上異なっていたが、生計を同じくしていた場合は「別居していたことについての理由書」などが必要となります。用紙が必要な方は、「ねんきんダイヤル」またはお近くの年金事務所などにお問い合わせください。
詳しくは、5ページの「生計同一に関する添付書類一覧表」をご覧ください。
令和　年　月　日　提出
市区町村受付年月日
実施機関等受付年月日
年金事務所記入欄
※遺族給付同時請求　有・無
※死亡届の添付　有・無
◎「記入上の注意」などをよく読んでからご記入ください。
◎基礎年金番号・年金コードが不明なときは、年金事務所の窓口でご相談ください。
◎「※」印欄は、記入しないでください。
3

受給権者死亡届とセットになっている。遺族が亡くなった人や請求する人の必要事項、振込先などを記入して提出する。

いつまで／どこへ

亡くなった後すみやかに年金事務所などへ。

主な必要書類など

- □ 亡くなった人の年金証書
- □ 戸籍謄本（抄本）
- □ 世帯全員の住民票や住民票除票（マイナンバー記載なら省略できる）
- □ 預貯金通帳（コピー可）

PICK UP

病気やケガによる「障害年金」の知識

障害年金は障害の状態になった人の生活を助ける公的年金。年金額は障害等級によって変わる。

■65歳までの初診日が対象

病気やケガなどで一定の障害の状態になり、十分働けなくなった場合は、公的年金の1つである障害年金の対象となります。

原因となる病気やケガで初めて受診した日（初診日）に、国民年金に加入していた場合は障害基礎年金、厚生年金に加入していた場合は障害基礎年金と障害厚生年金をもらえます。なお、障害基礎年金は、初診日が60歳以上65歳未満で年金制度に加入していない期間でももらえます。65歳になって老齢年金をもらい始めた人は障害年金の対象外です。

■会社員は障害厚生年金ももらえる

障害年金の内容は、生活や仕事に対する支障の程度で決まる障害等級（1～3級までが対象）によって決まります。なお、3級の場合は障害厚生年金のみです。年金額は障害が重度であるほど多くなります（→右ページ）。

たとえば、厚生年金に加入していた人が障害等級1級になった場合、障害基礎年金（年102万円・令和6年度〈68歳以下〉）と障害厚生年金（老齢厚生年金額× 1.25）の合計をもらえます。

障害年金をもらっている人が65歳になると、老齢年金と障害年金で有利なほうを選べます（障害基礎年金＋老齢厚生年金も可）。どちらももらえるわけではありません。

知っ得メモ　**障害等級の改定**　障害年金受給中に障害の状態が軽くなったり、重くなったりして等級が改定されると年金額は変更される。等級が下がれば支給停止になることもある。

会社員の障害年金を確認

対象となる人

次の条件に当てはまること

❶ **初診日に厚生年金に加入している**

- 加入期間の３分の２以上保険料を納めている（または、初診日の前々月までの１年間に保険料の滞納がない）。

❷ **障害認定日に、障害の状態が障害等級１～３級**

注・国民年金加入者、または初診日に 60 歳以上 65 歳未満で年金制度に加入していない人は障害基礎年金のみ（障害等級１～２級）。

障害年金の内容と金額

障害等級１級

障害基礎年金
年102万円
（68歳以下）

障害厚生年金
老齢厚生年金
（報酬比例部分）
の額×1.25

障害等級２級

障害基礎年金
年81万6000円
（68歳以下）

障害厚生年金
老齢厚生年金
（報酬比例部分）の額

障害等級３級

障害厚生年金
老齢厚生年金
（報酬比例部分）の額

注・障害基礎年金には遺族年金と同様に子の加算額あり（→ 95 ページ）。１級、２級の障害厚生年金には配偶者の加給年金額あり（年23万4800円）。

POINT

３級より障害が軽い場合は、一時金（障害手当金）として、老齢厚生年金（報酬比例部分）の年額×２がもらえる。

年金の相談先

日本年金機構などが各地に相談窓口を設けている

まとめ 年金に関する相談は、全国の年金事務所や街角の年金相談センターで受け付けている。電話（コールセンター）や出張相談もある。

■近くの相談窓口を確認

年金の手続きや請求などでわからないことは、最寄りの年金事務所や街角の年金相談センターを利用しましょう。窓口で直接相談するほか、電話（コールセンター）もあります。窓口での年金相談は予約することもできます（右ページ下）。その他、文書やファックスを利用する方法もあります。

街角の年金相談センターとは、日本年金機構から委託を受けて、全国社会保険労務士会連合会が運営する年金相談機関です。駅の近くなどで会場を設けて、出張相談を行うこともあります。最寄りの年金事務所や街角の年金相談センターの所在地は、日本年金機構のホームページなどで調べることができます。

年金相談の際は、年金手帳など基礎年金番号がわかる書類や本人確認の書類を持っていきましょう。相談内容により関連資料なども持参すると、より具体的な回答が得られます。

■ねんきんダイヤルやねんきんネットも活用

年金に関する一般的な相談なら、ねんきんダイヤルが便利です。年金関連の手続きや日本年金機構からの通知への問い合わせなども受け付けています。また、年金記録の確認や届け出書類の作成などは、ねんきんネット（→ 72ページ）を利用して自分で調べられます。

知っ得メモ **混雑状況の確認** 年金事務所の相談窓口は状況によって混雑することも多い。原則１か月前から電話予約できるほか、各ホームページで混雑状況の確認もできる。

年金のことを相談するには

年金の請求や各種届け出・
変更手続き、
その他年金相談や通知に関する
問い合わせなど。

年金事務所（全国312か所）	街角の年金相談センター（全国80か所）
対面相談 ○	対面相談 ○
電話相談 ×	電話相談 ×
受付時間　平日 8:30 ～ 17:15	受付時間　平日 8:30 ～ 17:15

注・年金事務所、街角の年金相談センターにより、時間延長や週末相談を行っている場合もある。

相談の際持っていくもの

- □ 年金手帳または基礎年金番号通知書
- □ 本人確認書類（運転免許証、マイナンバーカードなど）
- □ （本人以外の場合）委任状、代理人の本人確認書類

わからないことはたずねてみましょう。

対面相談の予約もできる予約受付専用電話

0570-05-4890

日本年金機構ホームページからのインターネット予約もある（年金請求の手続き相談限定）。

年金相談についての問い合わせ ねんきんダイヤル

0570-05-1165

受付時間　平日 8:30 ～ 17:15（月曜 ～19:00）、第２土曜 9:30 ～ 16:00

COLUMN

防災意識を高めて自分や家族の命を守る

地震や津波、台風などの災害は毎年のように発生して、各地に大きな被害をもたらしています。災害はいつ起きるかわかりません。また、災害が起こってからあわてても間に合いません。迅速・適切に行動して自分や家族の命を守るためには、日ごろからの準備が重要です。特に、高齢者や介護されている人、持病を持つ人などがいる場合には、避難などに十分な対策を検討しておきましょう。

被害を受けた場合に利用できる、行政や自治体の支援なども調べておきます。火災保険などに加入している場合は、その補償内容の確認も必要です。

災害への基本対策を確認

家具は固定する

- L字金物、ストッパーなどで固定しておく。
- ベッドや出入り口のそばに大きな家具を置かない。

避難場所などを確認する

- ハザードマップなどにより、周辺地域の危険性を確認する。
- 災害時の避難場所、避難経路（できれば複数）を決めておく。

安否確認の方法を決める

- いざというときの集合場所を決め、「災害用伝言ダイヤル*」の使い方を確認する。
- スマホは予備のバッテリーを準備しておく。

＊「171」にかけてガイダンスの指示に従うことで、メッセージを残したり聞いたりできる。

食料などを備蓄する

- ３日〜１週間分の飲料水や食料のほか、薬やメガネ、補聴器など日常の必需品。
- すぐ持ち出せるところにまとめておく。中身は定期的にチェックする。

第2章

雇用保険の基本知識と手続き

INDEX

定年後の雇用保険

定年退職後の再就職では雇用保険を活用する

まとめ 定年退職して再就職をめざす場合、雇用保険から基本手当をもらえる。65歳以上なら高年齢求職者給付金という一時金がある。

基本手当は再就職の強い味方

定年退職などで会社を辞めて新しい仕事や勤め先を探す場合、**雇用保険からその間の生活を支援する基本手当という給付を受けられます。**基本手当は、失業保険、失業給付などともいわれます。

基本手当をもらうには、**退職（離職日）前の2年間に、通算して12か月以上雇用保険に加入していたことが必要です。**ただし、解雇や倒産などの退職（会社都合退職）なら、退職前の1年間に通算6か月の加入期間があれば基本手当の対象となります。また、**再就職したいという積極的な意思と能力も必要です。**そのため、病気やケガ、家庭の状況などで求職活動ができない、すぐ仕事に就けないという人は対象外です。退職して収入がなくなったからといって、誰でももらえるわけではありません。

65歳以上は一時金になる

65歳以降の退職では、基本手当ではなく一時金の支給になります（高年齢求職者給付金→118ページ）。金額は少なくなりますが、退職前の1年間に通算6か月以上の加入期間があればもらえます。年金をもらっている人も受けられます。

その他、雇用保険の給付には、再就職のための職業訓練への給付、在職中に受ける職業能力を高めるための教育訓練への給付などもあります。

知っ得メモ **ハローワーク** 公共職業安定所の愛称。仕事を探す人に無料で職業紹介や求職相談、雇用保険の手続きなどを行う。全国500か所以上に設置されている。

基本手当（失業給付）をもらうには

❶ 原則、退職前の2年間に12か月以上雇用保険に加入していた
❷ 再就職の意思と能力（健康状態や家庭の状況など）がある

ハローワークで求職の申し込みをして、求職活動を行う

基本手当をもらえる
- 原則として退職から1年間。

一時金（高年齢求職者給付金）をもらえる

再就職など
- その他、職業訓練給付や再就職手当などをもらえる場合がある。

これも知っておこう

複数の会社で働く65歳以上の人は、労働時間などを合計できる

65歳以上で複数の会社で働く人は、そのうち2つの会社の労働時間などを合計すれば雇用保険の加入条件を満たす場合、本人がハローワークに申し出ることで雇用保険の被保険者（マルチ高年齢被保険者）になれます。これを雇用保険マルチジョブホルダー制度といいます。どちらかの会社を退職した場合には、高年齢求職者給付金が支給されます*。

*退職前の1年間に通算6か月の加入期間が必要。

PICK UP

会社で働く人は雇用保険に加入している

会社と従業員が協力して保険料を納めることで、雇用保険のさまざまな給付を受けられる。

■働く人を守り支援する

雇用保険は、働く人の生活基盤を支えるため、失業したときなどに必要な給付や再就職の援助、職業能力の開発などを行う国の制度です。労災保険と合わせて労働保険といいます。

雇用保険に加入するのは、会社に勤めていて、所定労働時間が1週間に20時間以上、雇用の見込みが31日以上ある人です。正社員だけでなく、パートやアルバイト、派遣社員なども対象です。なお規模にかかわらず、1人でも人を雇う会社（または個人事業主）は労働保険の適用事業所です。

■保険料は本人と会社が負担する

加入者は、月給やボーナスから雇用保険料を納めます。雇用保険料は、月給やボーナス（賃金*）に保険料率（会社の事業内容で異なる）を掛けた金額です。加入者と会社が協力して納めますが、会社が多くの割合を負担します。

雇用保険は、雇われたときに加入して退職時に脱退することになります。この手続きは会社がハローワークに行います。加入時にはハローワークから雇用保険被保険者証が発行され（在職中は会社が保管する場合あり）、転職するときは、この被保険者証を新しい勤め先に提出します。

労災保険は、通勤中や仕事中の病気やケガ、死亡などに対して、本人や家族に必要な給付を行います。労働者が安心して働く備えとなる制度です。

知っ得メモ　**労災保険の保険料**　正社員やアルバイト、パートなど、従業員を1人でも雇っている会社（事業所）は、原則として労災保険に加入する義務がある。保険料はすべて会社負担。

＊雇用保険では正しくは「賃金」という。月給、ボーナスに加算されている各種手当を含む。本書ではわかりやすさのため、基本的に「給与」を使用している。

雇用保険に加入する人と雇用保険料

加入する人

- 1週間の所定労働時間が 20 時間以上の人。
- 31 日以上継続して雇われることが見込まれる人。

POINT

正社員、パート、アルバイトなどにかかわらず、上記に当てはまる人はすべて加入する。

加入しない人

- 会社の取締役や個人事業主、その同居親族。
- 季節的に雇われる人（その期間が4か月以内または1週間の所定労働時間が 30 時間未満）。
- 臨時的に雇われる人。

雇用保険料の計算（1か月当たり）

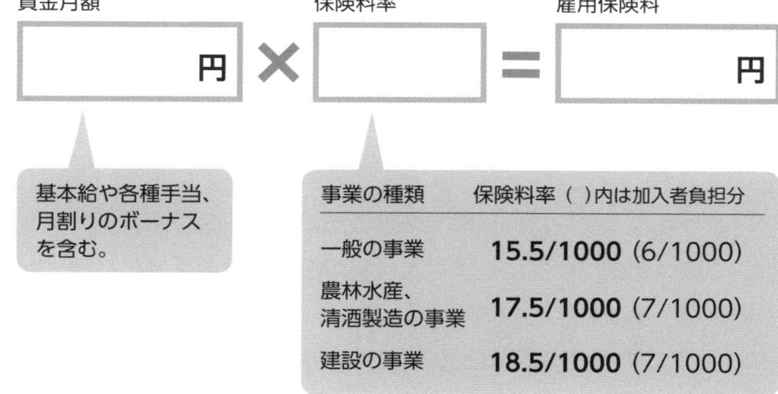

事業の種類	保険料率（ ）内は加入者負担分
一般の事業	**15.5/1000** (6/1000)
農林水産、清酒製造の事業	**17.5/1000** (7/1000)
建設の事業	**18.5/1000** (7/1000)

注・令和６年度の保険料率。

基本手当①

基本手当の金額は退職前の給与で決まる

まとめ 基本手当の金額は退職前の給与（賃金）から計算される。ただし、給与の少なかった人が不利にならないよう、給付率で調整される。

■ 給与が少なかった人ほど給付率は高い

失業中にもらえる基本手当の金額は、退職前の給与（賃金）によって決まります。**退職前の１日当たりの給与額*（退職前６か月の給与総額÷180日）を賃金日額（にちがく）といいます。この賃金日額に一定の給付率を掛けた金額が、１日当たりの基本手当の金額です（基本手当日額）。**

給付率は年齢によって異なり、給与（賃金日額）が少なかった人ほど高く設定されています。60歳以上65歳未満の人の場合、給与の額により45～80％の範囲で給付率が変わります。

また、賃金日額と基本手当日額には、年齢ごとに上限額と下限額が定められているため、一定以上、一定以下の金額になることはありません。

■ その他の給付もこの金額で計算する

基本手当日額に所定給付日数（→118ページ）を掛けた金額が、受給可能な基本手当の総額です。求職中は、約1か月に一度、その期間中の基本手当をもらえます。

賃金日額や基本手当日額は、基本手当のほか、高年齢求職者給付金や再就職手当、介護休業給付など、さまざまな雇用保険給付の金額の基礎になります。たとえば、再就職手当は残った所定給付日数×基本手当日額の60％または70％です。介護休業給付は賃金日額の67％です。

知っ得メモ **社会保険の「年齢」** 基本手当の所定給付日数などを決める年齢は、退職した時点の年齢。なお、社会保険では、誕生日の前日がその年齢に到達した日になる。

＊ボーナスは含まないが、給与に加算されている手当などは含む。

基本手当はこう計算される

1日当たりの基本手当の金額（基本手当日額）

賃金日額　　　円 × 給付率　　　％ ＝ 基本手当日額　　　円

注・上限と下限あり。

賃金日額：退職前6か月の給与総額（ボーナスは含まない）÷180日
注・上限と下限あり。

給付率：賃金日額により45～80％（60歳以上65歳未満）、50～80％（60歳未満）

基本手当日額を、最大で所定給付日数分もらえます。

基本手当の金額例

条件　60歳以上65歳未満。加入期間20年以上の場合。

退職前6か月の給与（月額） （　）内は賃金日額	基本手当	
	1日当たり	1か月（30日）当たり
30万円（1万円）	5020円	15万600円
40万円（1万3333円）	5999円	17万9970円
50万円（1万6666円）	7294円	21万8820円

基本手当②

基本手当をもらえる日数は決まっている

まとめ 所定給付日数は、基本手当をもらえる最大の日数。20 年以上勤めて定年退職した人なら 150 日。

■ 定年退職なら 90 ～ 150 日の基本手当

基本手当は、再就職が決まるまでずっともらえるわけではなく、もらえる最大の日数が決まっています。これを所定給付日数といいます。**所定給付日数は、雇用保険に加入していた期間や退職理由などで異なります。**

たとえば、65 歳未満で定年退職した人の場合、雇用保険の加入期間が 20 年以上なら所定給付日数は 150 日です。

基本手当は、この所定給付日数に達するまで、または再就職が決まるまでもらえます。ただし、原則として退職日の翌日から 1 年が基本手当を受給できる期間です（→ 122 ページ）。

なお、65 歳以上で退職した人は一時金となり、雇用保険の加入期間が 1 年以上で基本手当日額の 50 日分、1 年未満で基本手当日額の 30 日分です（高年齢求職者給付金）。

■ 再就職が困難な人は優遇される

会社の倒産や解雇で退職（会社都合退職）した人は、再就職に備えることができなかったと考えられるため、所定給付日数が手厚くなっています（特定受給資格者→右ページ）。雇い止めによる退職（特定理由離職者）も、特定受給資格者と同様に優遇されます。

退職理由の判定は、会社と本人の主張などからハローワークが行います。

知っ得メモ **就職困難者**　一定の障害のある人、保護観察されている人、その他、社会的な事情により就職が難しい人などは、就職困難者としてさらに所定給付日数が多くなっている。

所定給付日数を確認する

定年退職や自己都合で退職した人（一般離職者）

加入期間	
1年以上10年未満	90日
10年以上20年未満	120日
20年以上	150日

倒産や解雇などによる離職者（特定受給資格者）*

※60歳以上65歳未満の日数。
（　）内は45歳以上60歳未満の日数。

*解雇は本人の問題による懲戒解雇などを除く。また、雇い止めによる退職（特定理由離職者）も同日数。

加入期間	
1年未満	90日（90日）
1年以上5年未満	150日（180日）
5年以上10年未満	180日（240日）
10年以上20年未満	210日（270日）
20年以上	240日（330日）

65歳以上で退職した人（高年齢被保険者）

加入期間1年未満　30日（一時金）

加入期間1年以上　50日（一時金）

基本手当の受給手続き

ハローワークで求職を申し込むことが必要

まとめ **基本手当の受給手続きは、ハローワークで求職の申し込みをすることで行う。定年退職なら、支給開始までには約1か月かかる。**

■ 必要書類を持ってハローワークへ

基本手当をもらうためには、住所地を管轄するハローワークに行って手続きをしなければなりません。

ハローワークでは、まず求職の申し込みを行います（ハローワークのパソコンなどで求職情報を登録する）。そのうえで、失業の状態であること、すぐに働ける状況であることなどの確認を受けます（受給資格の確認・決定）。会社から受け取った離職票－1、離職票－2の提出により、退職時の給与や退職理由が確認されて所定給付日数が決まります。忘れず持参しましょう。

なお、求職情報の登録は、事前に自宅のパソコンから行うこともできます（「求職者マイページ」を開設する）。

■ すぐにもらえるわけではない

ハローワークで求職の申し込みをしたからといって、すぐに基本手当をもらえるわけではありません。まずは指定された日時に受給者説明会に参加して、求職活動の注意点などの説明を受け、求職活動を始めます。その後最初の失業認定を受けてから、基本手当の振り込みが始まるまでには、求職の申し込みから約1か月かかります。

ただし、**自己都合退職などの場合は、支給開始までに2か月*の給付制限期間があります。定年退職なら給付制限期間はありません。**

知っ得メモ **求職者マイページ**　インターネットで仕事探しができる求職者向けの個人ページ。ハローワークのホームページで開設できる。検索条件や気になった求人情報の保存もできる。

＊過去5年間で3回目以上となる退職や自己の重大な責任による解雇なら3か月。

基本手当受給の流れ

退職（離職）

- 会社から離職票 -1、離職票 -2 が送られてくる。

↓

ハローワークへ行き、求職の申し込みをする

- 受給資格が確認・決定される。

必要なもの
- □ 離職票 -1、離職票 -2
- □ マイナンバーカード（または通知カードなど）
- □ 運転免許証など身元確認書類
- □ 正面上半身の写真２枚（３か月以内に撮影したもの。タテ３センチ×ヨコ 2.4 センチ）
- □ 本人名義の預貯金通帳またはキャッシュカード

↓

受給者説明会に参加する

- 雇用保険受給資格者証、第１回目の失業認定申告書が渡される。
- １回目の失業認定日が指定される。

↓

求職活動を始める

- ハローワークで職業相談などもできる。

↓

待期期間（受給資格決定から７日間）＋給付制限期間（自己都合退職の場合、原則その後の２か月）は基本手当が支給されない。

→

失業認定日にハローワークに行く

- 失業認定申告書を提出して失業認定を受ける。

注・来所が困難な人などについて、オンラインによる失業認定ができるハローワークもある。

↓

その期間分の基本手当が振り込まれる

10000

- 失業認定から約１週間後。

↓

４週に一度、ハローワークで失業認定を受ける

- 再就職または支給終了まで繰り返す。

受給期間

受給期間は１年が原則だが延長できることもある

まとめ　基本手当の受給期間は退職の翌日から原則１年。定年退職などの場合は受給期間を延長できる。

■定年退職なら１年間延ばせる

基本手当をもらえる期間（受給期間）は退職（離職日）の翌日から原則1年間です。受給期間を過ぎると、求職中で所定給付日数が残っていてもその分の基本手当はもらえなくなります。こうしたことのないよう、退職後はすみやかに求職の申し込みをすることが重要です。

ただし、60歳以上で定年（勤務延長の終了など含む）により退職した人は、受給期間を最長１年延長できます（合計２年の受給期間）。退職後しばらく休んでから求職活動を始めても、途中で基本手当をもらえなくなることを避けられます。退職の翌日から２か月以内に、ハローワークに申請します。

病気やケガなどで、退職した後も長期間（30日以上）働くことができない場合なら最長３年延長できます（合計４年の受給期間）。妊娠や出産、3歳未満の子の育児、親族などの介護なども対象です。退職の翌日から30日経過後、すみやかに本人か代理人が申請します（郵送による申請も可）。

これも知っておこう

病気やケガですぐ求職できない場合は傷病手当をもらえる

離職後、ハローワークに求職の申し込みをした後、病気やケガで15日以上働けない状態になった場合、基本手当の代わりにその間の生活を支援する傷病手当が支給されます。傷病手当の内容や金額は基本手当と同じです。ただし、傷病手当を受けた日数分は、所定給付日数が少なくなります。健康保険の傷病手当金などをもらっている場合は支給されません。

定年退職などでは受給期間を延長できる

通常の受給期間

1年間

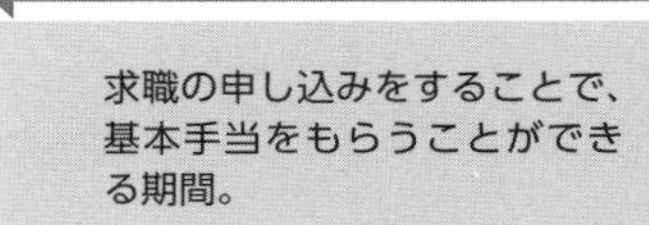
求職の申し込みをすることで、
基本手当をもらうことができる期間。

受給期間を過ぎると、所定給付日数が残っていても基本手当はもらえなくなる。

退職の翌日

求職の申し込みが遅くなると

条件 退職から10か月後に求職の申し込み。所定給付日数は150日。

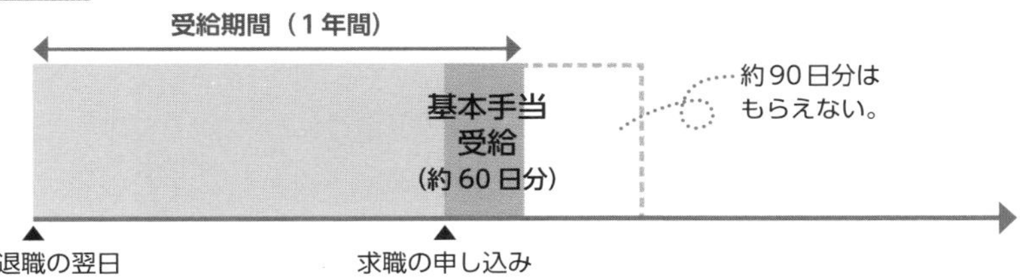
受給期間（1年間）
基本手当
受給
（約60日分）
約90日分は
もらえない。
退職の翌日
求職の申し込み

定年退職の場合

条件 上記の条件で受給期間を延長した場合。

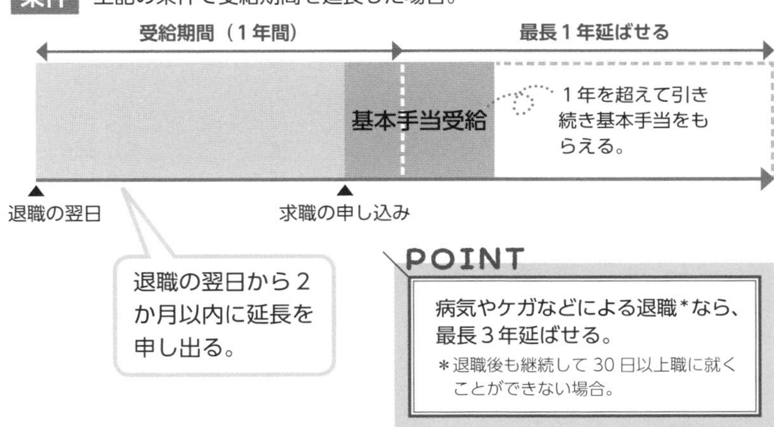
受給期間（1年間）
最長1年延ばせる
基本手当受給
1年を超えて引き
続き基本手当をも
らえる。
退職の翌日
求職の申し込み
退職の翌日から2
か月以内に延長を
申し出る。
POINT
病気やケガなどによる退職*なら、
最長3年延ばせる。
*退職後も継続して30日以上職に就く
ことができない場合。

失業認定

受給中は求職状況を定期的に申告する

まとめ　基本手当は、求職活動の状況を定期的にハローワークに申告することで、その期間分が支給される。

■失業認定申告書を提出する

基本手当をもらっている間は、4週間（原則28日）に一度、ハローワークで失業認定を受ける必要があります（失業認定日）。

失業認定とは、ハローワークに失業認定申告書を提出して、その期間の失業状態と求職状況の確認を受けることです。失業認定を受けてから1週間程度で、その期間分の基本手当が振り込まれます。

原則2回以上（最初の認定期間は短いため1回以上）の求職活動の実績がないと、失業は認定されず基本手当はもらえません。求職活動には右ページのような一定の基準があります。

■認定を受けないともらえない

失業認定日には必ず本人が行きます。**失業認定日にハローワークに行かなかった場合、その期間分の基本手当はもらえません。**病気やケガ、親族の結婚や死亡、採用面接など、やむを得ない事情で認定日に行くことができないという場合は、その事情を証明する書類を次回認定日の前日までに提出することで、例外的に変更できます。

基本手当受給中にアルバイトをしてもかまいませんが、その時間や収入金額により基本手当が減額になったり、持ち越しになったりすることがあります（受給期間内なら後日もらえる）。

知っ得メモ　**技能習得手当**　基本手当受給中にハローワークの指示による職業訓練を受ける場合、受講費用や交通費が技能習得手当として支給される。

失業認定申告書の記入ポイント

▼失業認定申告書

様式第14号（第22条関係）（第1面）

失業認定申告書

（必ず第２面の注意書きをよく読んでから記入してください。）

※ 帳票種別 11203

（あてはまるものに○をつけ、必要なことがらを記入してください。）

1 失業の認定を受けようとする期間中に、就職、就労又は内職・手伝いをしましたか。
ア した［就職又は就労をした日は○印、内職又は手伝いをした日は×印を右のカレンダーに記入してください。］
イ しない

月						
1	2	3	4	5	6	7
8	9	10	11	12	13	14
15	16	17	18	19	20	21
22	23	24	25	26	27	28
29	30	31				

月						
1	2	3	4	5	6	7
8	9	10	11	12	13	14
15	16	17	18	19	20	21
22	23	24	25	26	27	28
29	30	31				

2 内職又は手伝いをして収入を得た人は、収入のあった日、その額（何日分か）などを記入してください。

収入のあった日	収入額	何日分の収入か
月　日	円	日分
月　日	円	日分
月　日	円	日分

3 失業の認定を受けようとする期間中に、求職活動をしましたか。

ア 求職活動をした

(1)求職活動をどのような方法で行いましたか。

求職活動の方法	活動日	利用した機関の名称	求職活動の内容
（ア）公共職業安定所又は地方運輸局による職業相談、職業紹介等 （イ）職業紹介事業者による職業相談、職業紹介等 （ウ）派遣元事業主による派遣就業相談等 （エ）公的機関等による職業相談、職業紹介等			

(2)(1)の求職活動以外で、事業所の求人に応募したことがある場合には、下欄に記載してください。

事業所名、部署	応募日	応募方法	職種	応募したきっかけ	応募の結果
（電話番号　）				（ア）知人の紹介 （イ）新聞広告 （ウ）就職情報誌 （エ）インターネット （オ）その他	
（電話番号　）				（ア）知人の紹介 （イ）新聞広告 （ウ）就職情報誌 （エ）インターネット （オ）その他	

イ 求職活動をしなかった（その理由を具体的に記載してください。）

4 今、公共職業安定所又は地方運輸局から自分に適した仕事が紹介されれば、すぐに応じられますか。
ア 応じられる
イ 応じられない ― イに○印をした人は、すぐに応じられない理由を第２面の注意の8の中から選んで、その記号を○で囲んでください。
（ア）　（イ）　（ウ）　（エ）　（オ）

5 就職もしくは自営した人又はその予定のある人が記入してください。
ア 就職　（1）公共職業安定所又は地方運輸局紹介　（2）地方公共団体又は職業紹介事業者紹介　（3）自己就職　月　日より就職（予定）
イ 自営　月　日より自営業開始（予定）
（就職先事業所）事業所名（　）所在地（〒　）電話番号（　）

雇用保険法施行規則第２２条第１項の規定により上記のとおり申告します。
令和　年　月　日（この申告書を提出する日）
公共職業安定所長 地方運輸局長 殿
受給資格者氏名
支給番号（　）

※公共職業安定所又は地方運輸局記載欄
1.支給番号　2.未支給区分　3.待期満了年月日　4.支給期間　5.内職又は手伝いによる収入　6.基本手当支給日数　7.就業手当支給日数　8.就業手当に相当する特別給付支給日数　9.就職年月日－経路

次回認定日・時間　月　日　時から　時まで
認定対象期間　月　日～　月　日　※連絡事項
備考　取扱者印　操作者印

2021.9

期間中にアルバイトなどをした場合、その日と収入額を記入する。

POINT
一定のアルバイトなどをした場合、基本手当は減額や持ち越しになる。

期間中の求職活動について、その内容や結果を具体的に記入する。

今後の求職について記入する。

POINT
就職や起業の予定がある場合は正直に記入する。

求職活動となるもの／ならないもの（例）

○ 求人に応募した。

○ ハローワークなどが行う職業相談、紹介、セミナーを受講した。

○ 公的機関などで求職活動に関する指導を受けた。

○ 個別相談のある企業説明会に参加した。

○ 再就職にかかわる資格試験を受験した。

× 職業紹介事業者への登録や知人への紹介依頼。

× ハローワークやインターネット、新聞などの求人情報の閲覧。

ハロートレーニング

基本手当をもらいながら職業訓練が受けられる

まとめ ハローワークを通して、再就職のための技術や資格を得ることができる(ハロートレーニング)。50 ～ 60 代の人が受講できるものも多い。

■ 就職に有利な技術や資格を学べる

ハロートレーニングは、希望する仕事に就くための職業能力や知識の習得をめざす訓練制度です。**基本手当受給中の人が主な対象である公共職業訓練と、基本手当の対象外の人が主な対象である求職者支援訓練があります。**

訓練のコースは、事務、IT 関連、製造、サービス、介護、デザインなど多岐にわたり、資格取得をめざすコースもあります。退職者向けのコースは２～６か月など短期が中心ですが、１～２年という長期のコースもあります。

高齢者向けのコースも設けられています。コースの詳細は、ハローワークや各都道府県の労働局のホームページで調べられます。

■ 受講はハローワークに相談する

受講するには、まず住所地を管轄するハローワークで職業相談を受けます。そのうえで希望するコースの募集期間内に受講申込書をハローワークに提出、筆記試験や面接の後、ハローワークに受講あっせんを受けます。

受講料は原則無料（一部有料のコースあり）です。ただし、テキスト代など一部自己負担があります。

公共職業訓練は、基本手当をもらいながら受講できるのがメリットです。求職者支援訓練では、収入などの条件を満たせば、月 10 万円の職業訓練受講給付金と通所手当（交通費）をもらいながら訓練を受けられます。

知っ得メモ **ハロートレーニングの訓練機関**　公共職業訓練は、主に国（ポリテクセンターなど）や都道府県（職業能力開発校など）、求職者支援訓練は民間の教育訓練機関などが行う。

ハロートレーニングは２種類

基本手当を受給中の人

基本手当を受給できない人、受給が終了している人

公共職業訓練（離職者訓練）

訓練期間

- ３か月〜２年など

訓練費用

- 原則無料（テキスト代などを除く）

POINT

基本手当をもらいながら技術や資格を身につけられる。また、１日当たり500円の受講手当や通所手当（交通費）をもらえる。

訓練コースの内容例

- 機械加工、建築、造園、電気工事、塗装、印刷、介護、医療・調剤事務、総務・経理事務、Webデザインなど。

求職者支援訓練

訓練期間

- ２か月〜６か月など

訓練費用

- 原則無料（テキスト代などを除く）

POINT

収入が月８万円以下など一定条件を満たせば、月10万円の職業訓練受講給付金をもらえる。通所手当などもあり。

訓練コースの内容例

- パソコンスキル、介護、医療事務、営業、販売、サービス、Webデザインなど。

受講するには、まずハローワークで職業相談をしましょう。その後申し込みをして、面接や筆記試験を受けることになります。

基本手当の不正受給

嘘やごまかしには 3倍返しのペナルティもある

まとめ 申告内容を偽って基本手当をもらうことを不正受給という。見つかった場合、厳罰を受けることになる。

■ 申告は正直に行わなければならない

不正受給とは、失業認定の際、嘘の求職活動を申告した、就職が決まったことを隠した、アルバイトなどの収入を申告しなかったなどで、基本手当を不正にもらうことです。

退職時の離職票について、本人が書き換えるほか、元の会社に頼んで記載内容を偽るというケースもあります。ハローワークは綿密に書類確認を行い、求職活動先などに事実確認を行うこともあり、まず露見します。

不正受給が見つかった場合、基本手当を受給する権利はなくなります（支給停止）。**不正行為により受け取った基本手当は、全額返還しなければなりません。**

不正が悪質な場合には、支給を受けた金額の最高２倍の金額の納付が命じられます。不正受給した金額を合わせると、３倍の金額を支払わなければならないことになります。

これも知っておこう

再就職後すぐ会社を辞めたとき、次の基本手当はどうなる？

基本手当受給中の求職活動で再就職したものの、短期間で退職した場合、再就職前の受給資格に基づく基本手当をもらえることがあります。

①再就職時に所定給付日数が残っていた、②受給期間の１年が経過していない、③再就職先で新たな受給資格が発生していない、などの条件を満たしている必要があります。

不正受給のケースとペナルティ

不正受給となる例

離職票の内容を書き換えた、会社に虚偽の内容を記入してもらった。

失業認定申告書に、実際には行っていない求職活動を記載した。

失業認定申告書にアルバイトや就労を記入しなかった。

就職したり事業を始めたりしたにもかかわらず、申告せずに基本手当をもらい続けた。

受け取った基本手当は全額返還する。
以後の基本手当も受給できない。

不正受給に対する処分は厳しいものです。正直に申告しましょう。

悪質な場合

3倍返し

受け取った基本手当を返還＋不正受給額×２を納付

再就職手当

早期の再就職なら お祝いをもらえることがある

まとめ 早期に再就職した場合は、再就職手当をもらえることがある。残った日数や支給条件に注意が必要。

基本手当が多く残っているほうが有利

基本手当をもらっている人が早期に再就職すると、再就職手当をもらえる場合があります。就職の祝い金のようなもので、早期の再就職を促すための給付金です。**主な支給条件は、所定給付日数が３分の１以上残っていること、１年を超える雇用が見込まれる安定した就職であることなどです。**

再就職手当の金額は、原則として残った基本手当総額の60％です。所定給付日数が３分の２以上残っていれば70％になります。

過去３年間に再就職手当をもらった、以前と同じ会社または関係のある会社に採用されたといった場合、もらうことはできません。

再就職手当をもらうには、就職した日の翌日から１か月以内に、ハローワークへ再就職手当支給申請書を提出します。再就職先に作成してもらう採用証明書などの添付が必要です。

そのほかにも再就職の手当がある

再就職手当をもらった人が６か月以上勤めて、以前の会社より給与が下がった場合、申請によりその差額の約６か月分（残った基本手当総額の40％が上限）をもらえることがあります（就業促進定着手当）。その他、再就職がパートや契約社員でも所定給付日数が３分の１以上残っていれば、就業手当として就業日ごとに基本手当日額の30％をもらえることがあります。

知っ得メモ **就職促進給付**　上記の再就職手当、就業促進定着手当、就業手当を就職促進給付という。その他、一定の就職困難な人が安定した再就職をした場合の常用就職支度手当がある。

再就職手当の計算と受給条件

再就職が決まったとき

所定給付日数が1／3以上残っていれば
再就職手当をもらえる

残日数が2／3以上なら

残った所定給付日数
□日 ×
基本手当日額
□円 ×70%
再就職手当の金額
= □円

残日数が1／3以上なら

残った所定給付日数
□日 ×
基本手当日額
□円 ×60%
再就職手当の金額
= □円

主な受給条件を確認

- □ 所定給付日数が1／3以上残っている。
- □ 1年を超える雇用が見込まれる。
- □ 再就職先は、退職した会社ではなく、退職した会社と深いかかわりがある会社でもない。
- □ 求職申し込み前に内定した就職ではない。
- □ 過去3年間に再就職手当をもらっていない。

高年齢雇用継続給付

再就職の収入減は雇用保険の給付でカバーできる

まとめ 高年齢雇用継続給付は、60歳以降の再雇用や再就職で給与が減る人を支援するための給付。

■新給与の最大15%が支給される

60歳以降も再雇用などで働くとき、多くの人は以前より給与が下がります。**60歳以降の給与（賃金）が60歳時点の75%未満に下がる場合、雇用保険の高年齢雇用継続給付により、再雇用や再就職後の給与の最大15%（上限あり）が一定期間支給されます。**雇用保険の加入期間5年以上が条件です。

支給率は給与が大きく下がった人ほど多くなりますが、新給与の15%までです（15%は60歳時点の給与の61%以下になった場合）。

■２つのタイプがある

高年齢雇用継続基本給付金と高年齢再就職給付金の２つがあります。**高年齢雇用継続基本給付金は、これまでの会社で引き続き働く人の給与が下がる場合にもらえます。**支給期間は60歳から65歳になるまでの最長５年間です。

高年齢再就職給付金は、60歳以降に基本手当をもらって再就職した人の給与が下がる場合にもらえます。所定給付日数が100日以上残っている、１年を超える雇用が見込まれる安定した就職であることなどが条件です。支給期間は、残った所定給付日数が100日以上200日未満なら１年間、200日以上なら２年間です。就職のとき再就職手当をもらった人は対象外です。

高年齢雇用継続給付を受けるには、ハローワークへの申請が必要です。手続きは一般に会社が行います。

知っ得メモ **高年齢雇用継続給付は縮小傾向** 65歳までの雇用環境が整いつつあることから、令和７年度に60歳になる人から給付率は最大10%に縮小され、段階的に廃止される見込み。

25％以上の給与ダウンが給付の条件

高年齢雇用継続給付を受けられるかチェック

再雇用や再就職後の給与（新給与）

円

60 歳時点の給与（旧給与）

円

× 100 ＝ ％

75％未満なら高年齢雇用継続給付を受けられる（ただし、新給与の最大 15％）。

POINT

高年齢雇用継続基本給付金は最長５年間、高年齢再就職給付金は最長２年間。いずれも65歳になるまで。その他一定の条件あり。

高年齢雇用継続給付の金額例（月額）

条件 60 歳時の給与（旧給与）が月 40 万円。再雇用・再就職による給与が月 30 万円、月 28 万円、月 24 万円、月 20 万円の比較。

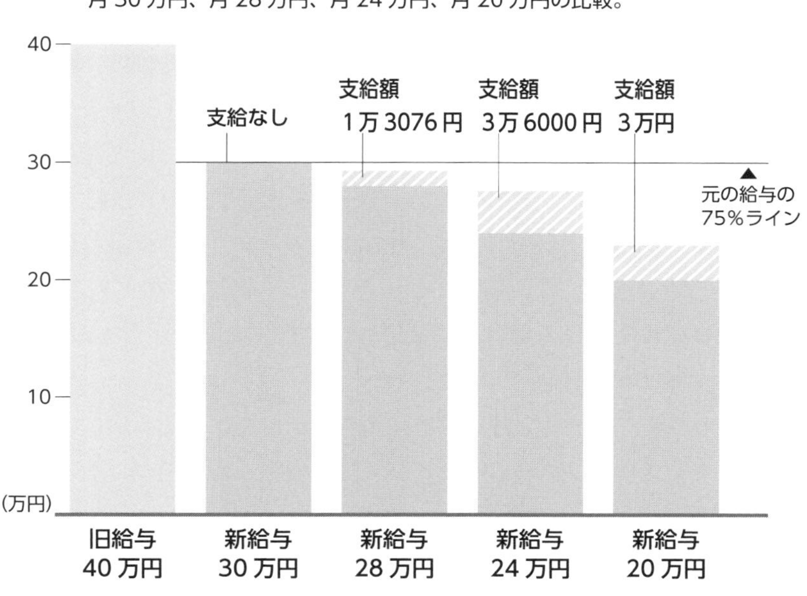

教育訓練給付

スキルアップのための訓練には費用の補塡がある

まとめ 教育訓練給付は、主に在職中のスキルアップや資格取得を支援する雇用保険の給付。受講費用が補塡される。

■ 雇用保険加入者なら利用できる

教育訓練給付は、厚生労働大臣が指定する職業能力の向上や就職に役立つ講座を受けた人に、受講費用の 20 ～ 70％を支給する制度です。

教育訓練給付を受けられるのは、雇用保険の加入期間が３年以上で（初回は１年以上、専門実践教育訓練なら２年以上）、年齢にかかわらず在職中または退職してから１年以内の人です（原則）。

■ 訓練内容で給付率が変わる

講座のレベルなどにより、一般教育訓練、特定一般教育訓練、専門実践教育訓練の３つがあります（→右ページ）。

一般教育訓練は受講費用の 20％、特定一般教育訓練は 40％を訓練修了後にもらえます（上限あり）。専門実践教育訓練は、受講中６か月ごとに受講費用の 50％（年間上限 40 万円）、訓練修了後１年以内に就職した場合はプラス 20％（年間上限 16 万円）がもらえます（合計最大 70％）。

教育訓練給付を受けるには、受講が修了した日の翌日から１か月以内に、ハローワークへ支給を申請します。

特定一般教育訓練給付と専門実践教育訓練給付では、受講前にキャリアコンサルティングを受け、ハローワークで受講資格の確認を受けることが必要です。

知っ得メモ **教育訓練給付の講座検索**　教育訓練給付の指定講座は「厚生労働大臣指定教育訓練講座検索システム」で調べることができる。

教育訓練には 3 つのタイプがある

教育訓練給付の対象者

- 現在在職中で雇用保険に加入している。または退職してから 1 年以内（原則）。
- 雇用保険の加入期間 3 年以上（初回は 1 年以上。専門実践教育訓練は 2 年以上）。*

＊受講経験がある場合、前回の受講開始日以降に雇用保険の加入期間が 3 年以上あること。

一般教育訓練

雇用の安定、就職の促進に役立つ訓練を受ける。

［例］
- 英語検定、簿記検定、IT パスポートなど。

給付率
受講費用の 20％（上限 10 万円）。

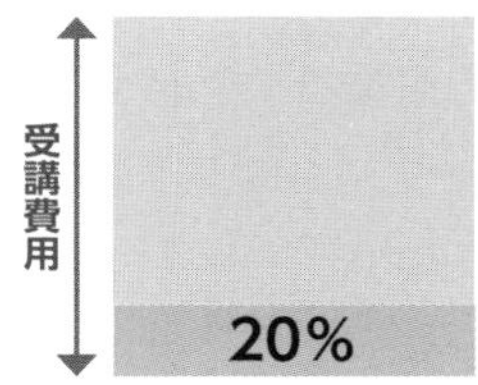

特定一般教育訓練

すみやかな再就職、早期のキャリアアップをめざす。

［例］
- 介護職員初任者研修、大型自動車免許、税理士、デジタル関連の資格取得。

給付率
受講費用の 40％（上限 20 万円）。

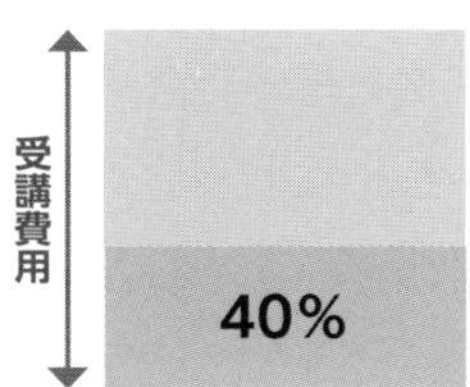

専門実践教育訓練

1年以上3年以内の講座で、中長期的なキャリア形成をめざす。

［例］
- 介護福祉士、看護師、調理師、デジタル関連などの資格取得。
- 職業実践力を高める大学や専門学校の課程。

給付率
受講費用の最大 70％（年間上限 56 万円、最長 4 年）。

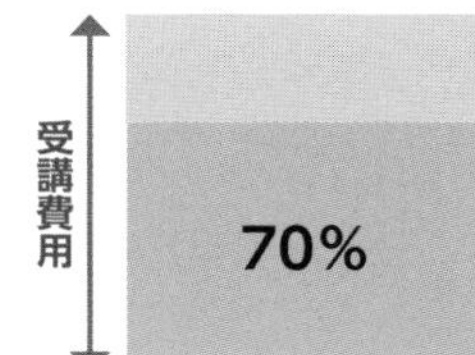

介護休業給付

介護のための休業には雇用保険の給付がある

まとめ 家族の介護のために介護休業をとる人には、その休業中に雇用保険から給与（賃金）の最大67％が支給される。

■給与の最大67％をもらえる

雇用保険に加入して働く人は、２週間以上にわたって家族を介護する場合、最長93日の介護休業をとることができます。同じ対象家族について３回まで分割も可能です。取得は正社員だけでなく、一定のパートやアルバイトも対象です。年齢による制限もありません。

介護休業中に、給与がもらえないか80％未満に低下した場合、雇用保険から介護休業給付をもらえます。支給金額は、休業日数について給与（賃金日額）の最大67％です。

介護休業給付をもらうには、介護休業開始前の２年間に通算して12か月以上の雇用保険の加入期間が必要です。また、介護休業が終わった後は原則として復職すること、介護休業中に月10日を超えて働いていないことなどの条件もあります。

１人の対象家族につき一度だけの給付です。ただし同じ対象家族の介護に対して、複数の家族が給付を受けることはできます。

■手続きは会社を通してハローワークに

介護休業を取得するには、休業する原則２週間前までに会社に申し出ます。介護休業給付の申請は、会社を通してハローワークに行います。申請期限は、介護休業が終了した日の翌日から２か月です（原則）。

知っ得メモ **介護休暇**　家族の介護が必要な場合などに、日単位または時間単位で取得できる休暇。対象家族１人につき最大で年５日間。有給／無給は会社によって異なる。

介護休業給付のしくみと条件

介護休業
- 一定の要介護状態の家族*を介護するための休業。
- 原則として休業する2週間前までに申し出る。

＊配偶者、父母、子、配偶者の父母、祖父母、兄弟姉妹、孫。

最長93日
（同じ対象家族について3回まで分割可）

この休業期間に介護休業給付を受けられる

1日当たりの給与（賃金日額）［　　　円］×休業日数［　　　日］×67％

＝介護休業給付の金額［　　　円］

注意！
会社から一定の給与が支払われる場合（13％超80％未満）は、支給額が調整される。80％以上なら支給されない。

給付を受けられるのは介護休業が終了してからです。

主な受給条件を確認

- □ 介護休業開始前の2年間に通算12か月以上雇用保険に加入していた。
- □ 介護休業中に働いた日数は月に10日以下である。
- □ 介護休業の取得後は原則復職する。

PICK UP

70 歳まで働きやすい環境が整いつつある

定年後も長く働ける環境づくりを推進するため、70 歳までの従業員の就業確保が会社の努力義務になっている。

■ 会社の制度の変化に要注目

会社には 65 歳までの雇用確保措置（65 歳までの定年引き上げ、定年の廃止、継続雇用などの実施のいずれか）が義務づけられており、60 歳になってからも働ける環境が整ってきています。

令和３年４月には高年齢者雇用安定法が改正され、さらに**65 歳から 70 歳まで従業員が働くことができる環境を整えること（就業確保措置）が、会社の努力義務となりました。**

65 歳までの雇用確保措置を 70 歳まで適用する（70 歳までの定年引き上げ、定年廃止、70 歳までの継続雇用制度の導入）ほか、雇用以外の方法で従業員の働ける環境を整えること（創業支援等措置）も認められています。創業支援等措置には、70 歳まで業務委託契約を結んで働ける制度、70 歳まで会社などが行う一定の事業で働ける制度（→右ページ）の２つがあります。

■ 働き方の選択肢を活用する

65 歳までの雇用確保措置は希望する従業員すべてが対象ですが、65 歳以降の措置は対象者の限定もできます（従業員などの過半数の同意が必要）。

会社にとっては少子高齢化にともなう労働力不足対策となり、従業員にとっては、公的年金の受給開始が原則 65 歳からとなっていることから、年金の繰り下げなども含めた働き方の選択肢が広がることになります。

知っ得メモ　**高年齢者雇用安定法の罰則**　70 歳までの就業確保措置は、努力義務であるため罰則などはない。ただし、状況の改善などが見られなければ、行政指導などを受ける場合がある。

70歳までの就業確保措置とは

60歳
65歳
70歳
65歳までは、会社に従業員の雇用確保が義務づけられている。

70歳までは、会社に下のいずれかの措置が求められている（努力義務）

❶ 70歳まで定年を引き上げる

❷ 定年を廃止する

❸ 70歳までの継続雇用制度を導入する

❹ 70歳まで業務委託契約を結んで働ける制度を導入する

- フリーランスとして、その会社などで働けるようにする。

❺ 70歳まで以下の事業で働ける制度を導入する

- その会社が行う社会貢献事業、またはその会社が委託する団体の社会貢献事業。

POINT

こうした制度の対象とならず退職する人に対しては、再就職を支援する措置を講じる。

COLUMN

マイナンバーカードで できることが増えている

マイナンバー制度とは、国民１人ひとりにマイナンバー（個人番号）を割りふって、年金、雇用保険、健康保険、税金、介護保険といった、さまざまな行政手続きなどに活用するしくみです。本人などの申請により、マイナンバーが記載されたマイナンバーカードが交付されます。

コンビニで住民票を取得できる、医療機関で健康保険証として使えるなど*、マイナンバーカードの利用範囲はどんどん広がっています。知識を持って上手に活用しましょう。

ただし、重要な個人情報であるため、紛失や盗難には十分注意します。

＊利用できる医療機関や薬局は、厚生労働省ホームページで確認できる。

マイナンバーカードでできること（例）

各種行政手続きの本人確認書類となる

- 口座開設やパスポート発行などの身分証明。
- オンラインの確定申告（e-Tax）で利用。

自治体のサービスで利用できる

- 印鑑登録証、図書館カードとして。
- 健康保険証として。

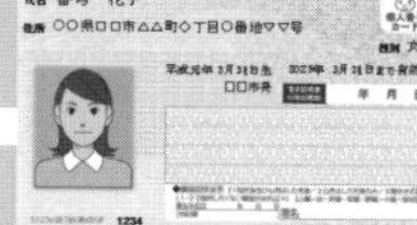

コンビニで公的証明書を取得できる

- 住民票の写し、印鑑登録証明書など。

民間のオンラインサービスで利用できる

- 証券口座の開設時の電子証明書として。

注・利用できるサービスの内容や自治体、企業の範囲などは、今後拡大していく予定。

第3章

健康保険の基本知識と手続き

INDEX

退職後の健康保険は有利なものを選ぶ

まとめ 定年退職すると、会社の健康保険から脱退する。その後の選択肢は大きく３つ。それぞれ期限までの手続きが必要になる。

■会社を辞めると健康保険からも脱退する

退職すると、会社で加入していた健康保険から脱退することになります。健康保険証は退職時に返却します。

その後すぐ再就職などをする場合は、新しい勤め先の健康保険に加入します。それ以外の人は、別の公的医療保険に加入しなければなりません。選択肢には大きく、**退職前に加入していた健康保険の任意継続被保険者になる、新たに国民健康保険に加入する、配偶者や子などの被扶養者となる**という３つがあります。

それぞれ期限があるため、退職後はすみやかに手続きを行いましょう。

■家族全体のことを考えて決める

いずれも医療費の自己負担は原則３割で、給付内容も大きくは変わりません。**最も大きな選択のポイントは保険料です。**

任意継続を選んだ場合は、会社と折半だった保険料が全額自己負担となります（一定の上限あり）。扶養されている配偶者や子は、引き続き被扶養者となります。国民健康保険なら、それまで被扶養者だった配偶者や子も国民健康保険に加入します。家族が多いほど保険料負担は大きくなります。

他の家族の健康保険で被扶養者になる場合、保険料がない点は有利ですが、一定の収入条件に注意します。

知っ得メモ **特例退職被保険者制度**　会社に制度があれば、比較的低い保険料で現役時代と同様の給付が受けられる特例退職被保険者になれる場合がある。加入条件などの確認が必要。

再就職しないなら選択肢は3つ

定年退職 → すぐ再就職する

YES →

	手続き
新しい勤め先の健康保険に加入する ● 保険料は会社の健康保険による。	会社が行う

パートやアルバイトでも、週の所定労働時間と月の所定労働日数が正社員の 3/4 以上*なら加入対象。
＊ 3/4 未満でも、週の所定労働時間 20 時間以上、給与月額８万 8000 円以上、雇用期間２か月超見込みなら加入対象（従業員数要件あり）。

NO →

	手続き
健康保険の任意継続被保険者になる （→ 144 ページ） ● 保険料は会社負担分含め自分で支払う（上限あり）。	**いつまで** 退職の翌日から 20 日以内 **どこへ** 加入していた健康保険組合など
国民健康保険に加入する （→ 146 ページ） ● 保険料は前年の所得で決まる（市区町村により異なる）。	**いつまで** 退職の翌日から 14 日以内 **どこへ** 住所地の市区町村役場
家族の健康保険の被扶養者になる（→ 148 ページ） ● 被扶養者は保険料負担なし。	**いつまで** 退職の翌日から５日以内 **どこへ** 家族（被保険者）の会社

任意継続

会社の健康保険に最長２年継続加入できる

まとめ　任意継続なら、退職後も元の会社の健康保険に２年間加入を続けることができる。保険料がどれだけ増えるかよく確認する。

■ 被扶養者にも適用される

退職前に健康保険の加入期間が２か月以上あれば、退職後もその会社の健康保険に引き続き加入できます。これを任意継続被保険者制度（任意継続）といい、加入者は任意継続被保険者となります。ただし、加入できるのは最長で２年間です。在職時の健康保険で被扶養者だった人は、引き続き被扶養者として健康保険を利用できます。

■ 保険料の変化に要注意

在職中、健康保険の保険料は会社と折半でしたが、退職後の任意継続では会社負担分がなくなって全額自己負担になります。つまり、**納める保険料は原則として在職時の２倍になります。**任意継続の保険料は退職時の月給（標準報酬月額）により決まり、任意継続の期間中変わりません。

ただし、**任意継続の保険料には加入者の標準報酬月額の平均をもとにした上限があり、一定額以上になることはありません**＊。月給が高く元の保険料が高かった人はかえって有利になる場合もあります。必ず試算して保険料の変化を確認することが欠かせません。任意継続で受けられる給付は在職時とほぼ同じですが、在職が条件の傷病手当金などは対象外になります。

加入手続きは、加入していた健康保険に退職の翌日から 20 日以内に行います。期間中の脱退には申し出が必要です。

知っ得メモ　**任意継続の保険料納付**　納付書により銀行やコンビニなどで納めるほか、口座振替もできる（毎月 10 日が期日）。期日までに納めなかった場合、翌日に資格が失われるので要注意。

＊健康保険組合によっては、この上限を設けていないこともある。

保険料を比較して選ぶ

任意継続被保険者制度のしくみ

最長２年

健康保険の被保険者 → 任意継続被保険者 → その後は国民健康保険などに加入する。

▲退職

保険料はこうなる

全額自己負担。ただし上限があり、必ず２倍になるわけではない。

［例］

条件 現役時代の年収 700 万円（月 45 万円の月給＋ボーナス）。

退職時の保険料月５万 952 円（会社負担なし）と、上限の保険料月３万 4740 円＊のいずれか低いほうとなる。

＊協会けんぽ／東京都の 40 歳以上の金額（令和６年３月〜）。

健康保険 任意継続被保険者 **資格取得** 申出書　1 2 ページ　取

退職などで健康保険の資格がなくなった後も、引き続き個人で健康保険に加入する場合にご使用ください。なお、提出期限は、退職日の翌日から20日以内(必着)です。記入方法および添付書類等については、「記入の手引き」をご確認ください。

被保険者情報	
勤務していたときに使用していた被保険者証の発行都道府県支部	支部
提出日（投函日）	令和　年　月　日
勤務していたときに使用していた被保険者証	記号（左づめ）　番号（左づめ）
生年月日	1.昭和 2.平成 3.令和　年　月　日
氏名（カタカナ）	姓と名の間は1マス空けてご記入ください。濁点(ﾞ)、半濁点(ﾟ)は1字としてご記入ください。
氏名	
性別	1.男 2.女
郵便番号（ハイフン除く）	
電話番号（左づめハイフン除く）	
住所	都 道 府 県

勤務していた事業所	名称　所在地
資格喪失年月日（退職日の翌日）	令和　年　月　日
保険料の納付方法 ※希望する番号をご記入ください。	1. 口座振替（毎月納付のみ）　2. 毎月納付　3. 6か月前納　4. 12か月前納　口座振替を希望される方は、別途、「口座振替依頼書」の提出が必要です。

健康保険 資格喪失証明欄	事業主記入用 ※任意　この欄をご記入いただくことで、被保険者証の交付が早くなる場合があります。
勤務していた方の氏名（カタカナ）	姓と名の間は1マス空けてご記入ください。濁点(ﾞ)、半濁点(ﾟ)は1字としてご記入ください。
資格喪失年月日（退職日の翌日）	令和　年　月　日
上記の記入内容に誤りのないことを証明します。	令和　年　月　日
事業所所在地	
事業所名称	
事業主氏名	
電話番号	

被扶養者がいる場合は2ページ目に続きます。》》》

被保険者証の記号番号が不明の場合は、被保険者のマイナンバーをご記入ください。（記入した場合は、本人確認書類等の添付が必要となります。）▶

社会保険労務士の提出代行者名記入欄

以下は、協会使用欄のため、記入しないでください。

MN確認（被保険者）	1. 記入有（添付あり） 2. 記入有（添付なし） 3. 記入無（添付あり）	資格喪失日	令和　年　月　日
同時申請	1. 限度額　1. 減額認定　1. 特定疾病　1. 口座振替		
その他	1. その他 2. 4名以上（理由）	枚数	

受付日付印

2 0 0 1 1 1 0 1

（2022.12）

全国健康保険協会 協会けんぽ

1／2

健康保険　任意継続被保険者資格取得申出書

※協会けんぽの書式。健康保険組合などでは体裁が異なる。

氏名、住所、元の勤め先の名称、被保険者証の記号・番号、保険料の納付方法などを記入する。被扶養者がいる場合、裏面の被扶養者届に記入する。

- 被扶養者がいる場合、その人の課税（非課税）証明書などを添付する。

いつまで／どこへ

退職の翌日から 20 日以内に、加入していた健康保険へ。

国民健康保険

国民健康保険の保険料は市区町村により異なる

まとめ 退職後の公的医療保険の選択肢の１つに国民健康保険がある。保険料は世帯単位となり市区町村によって異なる。

■ 保険料は世帯単位で納める

国民健康保険は市区町村が運営する公的医療保険です。会社の健康保険などに加入している人以外、すべての人が対象です。被保険者と被扶養者の区別はなく、全員が被保険者として加入します。

保険料は、世帯の人数による均等割額、加入者の所得による所得割額、世帯の資産による資産割額などの合計です。世帯単位で納めることになり、市区町村によって金額は異なります。

■ 選択のポイントは保険料

保険料（所得割額）は前年の所得により計算されます。そのため、**退職した年の保険料は、在職時の給与で計算され一般に高くなります。**また、世帯全員が被保険者となるため、家族が多いほど保険料も高くなります。

加入手続きは、退職の翌日から 14 日以内に市区町村の窓口で行います。任意継続の期間終了後も、再就職する場合を除き国民健康保険に加入します。

これも知っておこう

退職時の傷病手当金は退職後も引き続きもらえる

病気やケガで会社を休んで、健康保険から傷病手当金をもらっていた人が会社を退職する場合、退職した後も引き続きもらうことができます。退職日までの健康保険の加入期間が継続して１年以上あることが条件です。退職後にもらえる期間は、支給開始日から通算*して１年６か月です。

＊期間の計算では、出勤して給与が支払われた期間は除くことができる。

退職した年の保険料は高くなることが多い

保険料の計算式

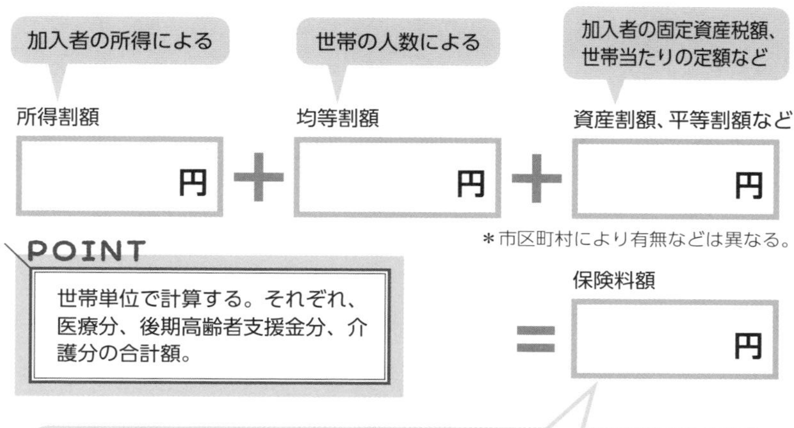

保険料はこうなる

所得割額は前年の所得による。そのため、退職後の最初の年は保険料が高くなることも多い。金額は市区町村により異なるため、事前に確認しておく。

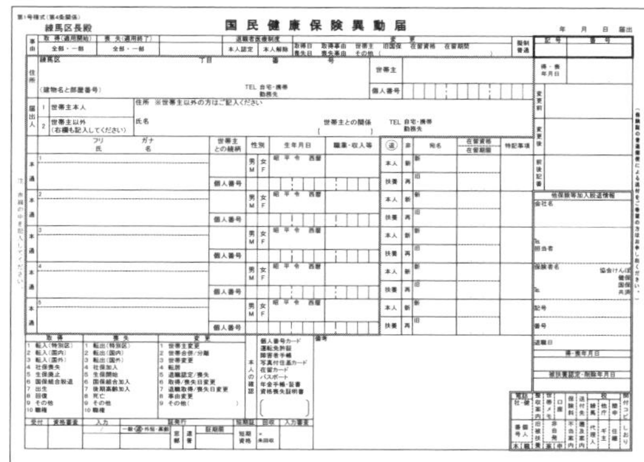

国民健康保険異動届

練馬区長殿

国民健康保険異動届

※練馬区の書式。市区町村により体裁が異なる。

住所、氏名（世帯主）、マイナンバー、新しく加入する家族など（被扶養者という扱いはない）を記入する。

- 健康保険被保険者資格喪失証明書などを添付。

いつまで／どこへ

退職や任意継続終了の翌日から14日以内に、住所地の市区町村役場へ。

家族の被扶養者

家族の被扶養者になれば保険料なしですむ

まとめ 会社に勤めている家族の被扶養者になる手段もある。ただし、被扶養者になれる範囲や年収条件に注意する。

■被扶養者なら保険料負担がない

退職後の公的医療保険の選択では、配偶者や子など健康保険に加入している家族がいれば、その被扶養者になるという方法もあります。

被扶養者になれば自分の保険料負担はありません。そのため保険料で比較すれば、任意継続や国民健康保険より有利です。

■同居が条件になる場合もある

ただし、家族なら誰でも被扶養者になれるわけではありません。**被扶養者になれる範囲は、その家族（被保険者）に主として生計を維持されている三親等内の家族***です。配偶者、父母など直系尊属、子、孫、兄弟姉妹以外なら、同居していることが条件です。

また、**扶養される人の年収は、130万円未満（60歳以上または一定の障害のある人は180万円未満）であること**という条件があります。退職金や不動産の売却収入など、一時的な収入は含みません。

加えて、その年収がその家族の２分の１未満であることも必要です（別居している場合には、その家族からの仕送り額未満）。

家族の被扶養者になるには、退職の翌日から５日以内に、家族の勤める会社を通して被扶養者（異動）届を健康保険に提出します。必要に応じて、続柄や収入を確認できる書類を添付します（→「知っ得メモ」）。

知っ得メモ **添付書類不要のケース** 「続柄」はマイナンバー記載で事業主の確認がある場合、「収入」は所得税の控除対象で事業主の確認がある場合（いずれも確認欄にその旨を記載）。

＊配偶者、本人または配偶者の父母など直系尊属、子、孫、曾孫、兄弟姉妹、おじ・おば、おい・めい。本人の親族（血族）はそれぞれの配偶者を含む。

被扶養者になるには一定の条件がある

被扶養者の範囲と収入の条件

□ 三親等内の親族である

同居していなくてもよい

配偶者、父母や祖父母など直系尊属、子や孫、兄弟姉妹。

同居していることが必要

配偶者の父母、兄弟姉妹、子や孫の配偶者、おじ・おば、おい・めいとその配偶者など。

□ 収入が以下の条件を満たす

年収130万円未満（60歳以上などは180万円未満）

＋

被保険者の年収の1/2未満

注・別居の場合は、上記の年収条件と合わせ、その年収が援助を受けている金額より少ないこと。

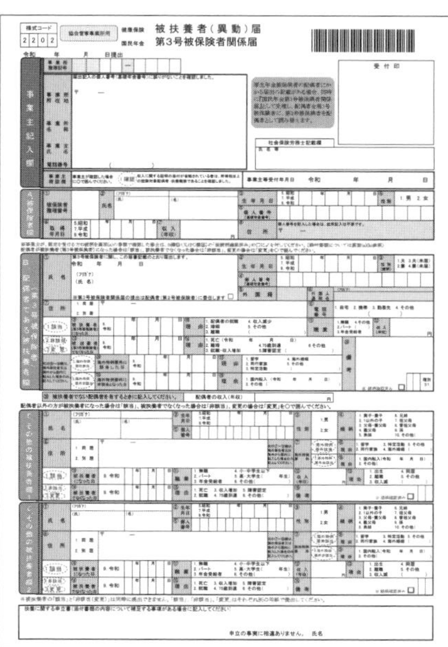

様式コード 2202　協会管掌事業所用

健康保険 被扶養者（異動）届
国民年金 第3号被保険者関係届

令和　年　月　日提出

被扶養者（異動）届

※協会けんぽの書式。他の公的医療保険では体裁が異なる。

被保険者の氏名、マイナンバーなど、被扶養者（配偶者、その他）の氏名、住所、マイナンバーなどを記入する。

- 必要に応じて、被扶養者となる人の課税（非課税）証明書や同居／別居を確認できる書類を添付する。

いつまで／どこへ

退職の翌日から5日以内に扶養者が会社の健康保険組合などへ。

その後の健康保険

75歳からは後期高齢者医療制度に加入する

まとめ 70歳以上は医療費の自己負担が原則2割になる。75歳以上になると、自己負担は原則1割になる。

■ 年齢により自己負担割合が変わる

医療費の自己負担割合は原則3割ですが、70歳になると2割に軽減されます。ただし、現役並み所得者が世帯にいる場合などは3割負担のままです。 現役並み所得者とは、年145万円以上の課税所得[*1]がある人などです。

70歳になると被保険者証とは別に「高齢受給者証」が交付され、70歳からの自己負担割合が記載されます。受診の際に被保険者証とともに提示することで記載された自己負担割合が適用されます。提示しない場合は、2割負担の人もいったん3割負担分を支払います。ただし、後日請求すれば払い戻しを受けられます。

■ 被扶養者も保険料を納める

75歳[*2]になると、すべての人がそれまでの公的医療保険から脱退して、後期高齢者医療制度に加入します。 後期高齢者医療制度は、75歳以上の高齢者を対象に都道府県の広域連合と市区町村が運営する公的医療保険です。被扶養者だった人も被保険者となり、保険料を負担することになります。

手続きは不要で、後期高齢者医療制度の被保険者証が発行され、自己負担は1割となります（収入により2割負担の場合あり。現役並み所得者が世帯にいる場合は3割）。 保険料の納付は、公的年金から天引きされる特別徴収が原則ですが、自分で納付する普通徴収も選べます。

知っ得メモ **前期高齢者** 75歳以上の人を後期高齢者というのに対し、65歳以上75歳未満の人を前期高齢者という。保険者間の財政調整を行うために区別して扱われている。

＊1 収入から基礎控除や公的年金等控除を差し引いた金額。
＊2 一定の障害がある人は65歳以上も加入できる。

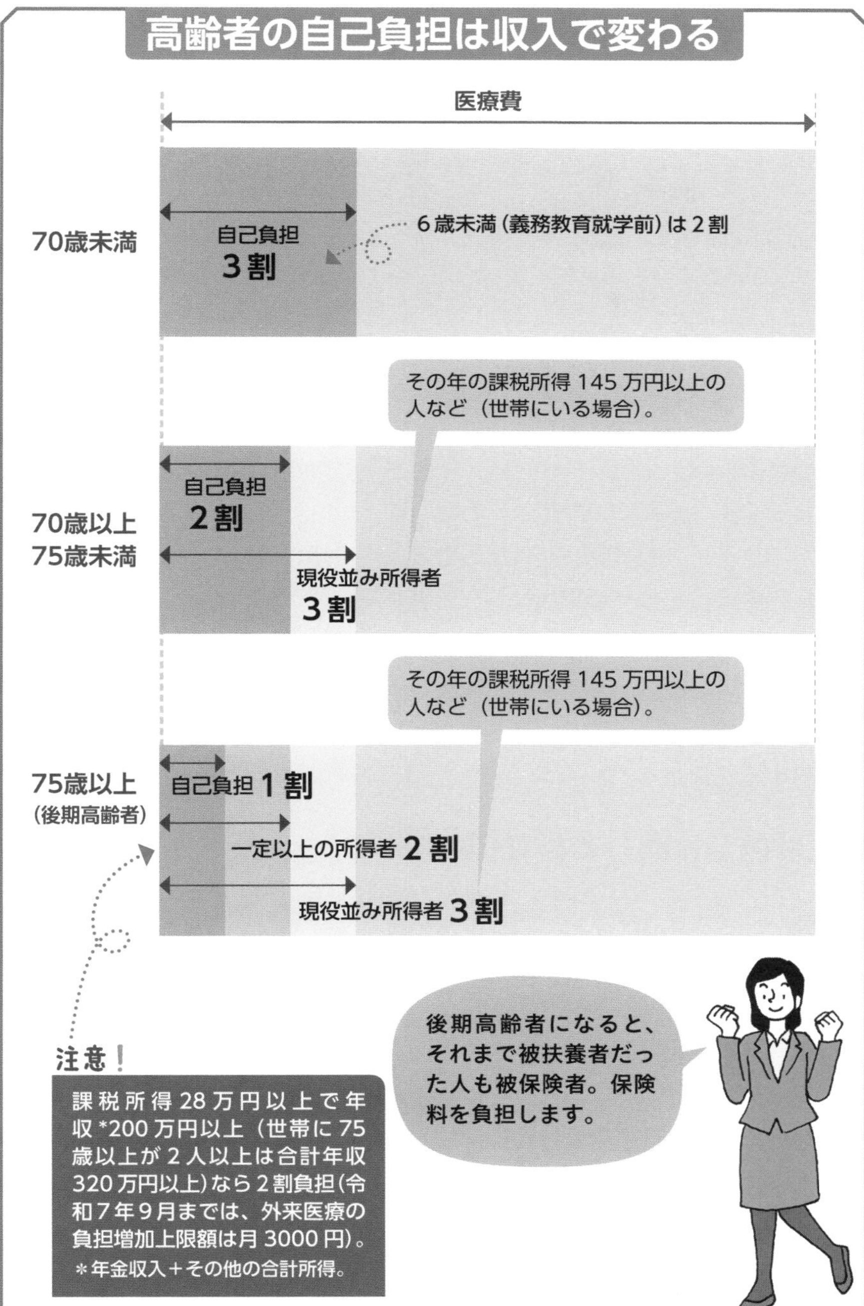
高齢者の自己負担は収入で変わる
医療費
70歳未満
自己負担
3割
6歳未満（義務教育就学前）は2割
その年の課税所得145万円以上の人など（世帯にいる場合）。
70歳以上
75歳未満
自己負担
2割
現役並み所得者
3割
その年の課税所得145万円以上の人など（世帯にいる場合）。
75歳以上
（後期高齢者）
自己負担1割
一定以上の所得者2割
現役並み所得者3割
注意！
課税所得28万円以上で年収*200万円以上（世帯に75歳以上が2人以上は合計年収320万円以上）なら2割負担（令和7年9月までは、外来医療の負担増加上限額は月3000円）。
＊年金収入＋その他の合計所得。
後期高齢者になると、それまで被扶養者だった人も被保険者。保険料を負担します。

PICK UP

健康保険の給付についても知っておこう

公的医療保険では、病気にかかった、ケガをした、出産をしたなどの場合にさまざまな保険給付を受けられる。加入先による違いもある。

■給付により医療などの負担を減らせる

公的医療保険からの給付は、病気やケガをしたときの医療費が１～３割の自己負担ですむ療養の給付が代表的ですが、それ以外にも右ページのような給付があります。**健康保険なら加入者本人への給付のほか、その家族（被扶養者）への給付もあります。**なお、仕事や通勤にかかわる病気やケガは労災保険の対象です。

病気やケガの他、加入者やその家族が出産するときは、出産手当金や出産育児一時金をもらえます。加入者やその家族が亡くなったときは、埋葬料や葬祭費をもらえます。

■給付内容は同じではない

公的医療保険は一般に「健康保険」ともいわれますが、会社に勤める人が加入する健康保険のほか、公務員などが加入する共済組合、それ以外の人が加入する国民健康保険があります。

健康保険と国民健康保険では、健康保険にある出産手当金や傷病手当金が国民健康保険にはないといった違いがあります。

また健康保険には、全国健康保険協会が運営する協会けんぽ、会社や業種ごとに運営する健康保険組合という違いもあります。**健康保険組合では、その組合独自の給付（付加給付）を行っていることもあります。**

知っ得メモ　**労災保険の給付**　仕事上、通勤上の病気やケガでは、労災保険の療養補償給付または療養給付を受けられる。労災病院などなら医療費の負担はない。

健康保険／国民健康保険の主な給付

給付	内容
療養の給付*	病気やケガをしたとき、保険医療機関でかかる費用が原則3割負担で受けられる。
保険外併用療養費	一定条件を満たす高度先進医療などに対して支給される。
入院時食事療養費	入院時の食事費が支給される（1食当たり460円は自己負担）。
入院時生活療養費	65歳以上で療養病床に入院したときの生活費用などが支給される（一定の本人負担あり）。
訪問看護療養費	訪問看護ステーションなどからの訪問看護が原則3割負担で受けられる。
高額療養費 (→154ページ)	医療費の自己負担が一定額を超えた場合の超過分が払い戻される。
移送費	医療機関に搬送されたときの交通費などが支給される（やむを得ない理由によるもの）。
傷病手当金	病気やケガの療養のため4日以上会社を休んだとき、給与の2/3が支給される。国民健康保険にはなし。
埋葬料	本人が亡くなって扶養家族が埋葬を行うときの一時金。国民健康保険では葬祭費。

＊やむを得ない理由により保険医療機関以外で診療を受けた場合などでは、申請により療養費が支給されることもある。

注・その他の給付に、出産育児一時金、出産手当金（国民健康保険にはなし）などがある。

申請が必要なものは、手続きを忘れないようにしましょう！

高額療養費制度

大きな医療費負担は手続きにより軽くできる

まとめ 高額療養費制度で医療費負担はさらに軽くなる。限度額適用認定証があれば、治療時に制度適用後の金額を支払うだけですむ。

70 歳未満と 70 歳以上で異なる

手術や入院などの医療費は、自己負担が１～３割であっても高額になることがあります。このとき、**月ごとに一定の自己負担限度額が設けられており、限度額を超えた医療費は払い戻されます。これが高額療養費制度です。自己負担限度額は、年齢や所得区分によって異なります（→ 157 ページ）。**

その月の複数回の治療は合算できます。同じ世帯の受診分、別の医療機関、通院と入院、医科と歯科の分は、それぞれ２万 1000 円以上の自己負担額が合算対象です。ただし、70 歳以上になると金額にかかわらず合算できるようになります。

なお、入院時の食費、居住費、差額ベッド代、先進医療の費用など、健康保険対象外の費用は、高額療養費の対象になりません。

限度額適用認定証を発行してもらう

高額療養費は、原則としていったん支払った後に申請して、後日払い戻しを受けます。ただし、**あらかじめ医療費が高額になることがわかっている場合、事前に「限度額適用認定証」を発行してもらうことで、支払い時にこの認定証と被保険者証を提示して、高額療養費適用後の支払いにできます。**

さらに 70 歳以上の人は、高齢受給者証が限度額適用認定証の代わりとなるため、事前の認定手続きも不要です。

知っ得メモ **高額医療費貸付制度**　高額療養費の払い戻しには３か月程度かかる。その間の医療費支払いが困難な場合、高額療養費で払い戻される金額の約８割を、無利息で借りられる制度。

1か月の自己負担限度額が決められている

高額療養費制度のしくみ

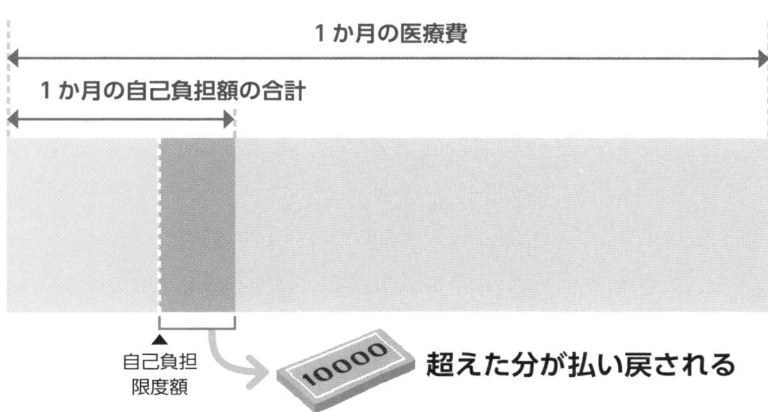

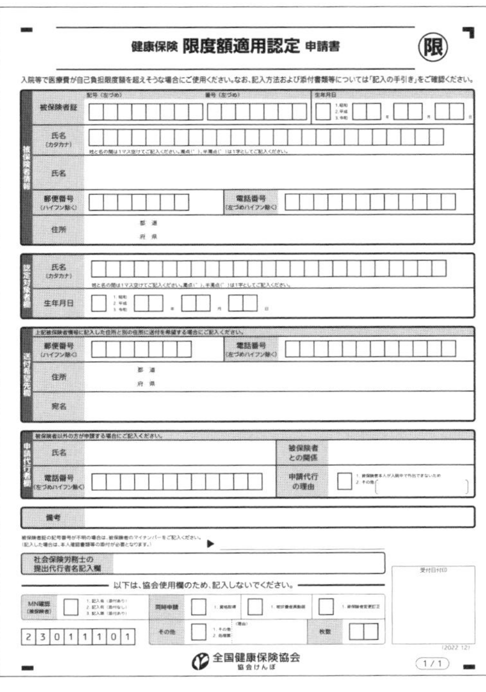

健康保険 **限度額適用認定** 申請書 (限)

入院等で医療費が自己負担限度額を超えそうな場合にご使用ください。なお、記入方法および添付書類等については「記入の手引き」をご確認ください。

被保険者情報
- 被保険者証　記号（左づめ）　番号（左づめ）　生年月日（1.昭和 2.平成 3.令和）年 月 日
- 氏名（カタカナ）　姓と名の間は1マス空けてご記入ください。濁点（゛）、半濁点（゜）は1字としてご記入ください。
- 氏名
- 郵便番号（ハイフン除く）　電話番号（左づめハイフン除く）
- 住所　都道 府県

認定対象者欄
- 氏名（カタカナ）　姓と名の間は1マス空けてご記入ください。濁点（゛）、半濁点（゜）は1字としてご記入ください。
- 生年月日（1.昭和 2.平成 3.令和）年 月 日

送付希望先欄
上記被保険者情報に記入した住所と別の住所に送付を希望する場合にご記入ください。
- 郵便番号（ハイフン除く）　電話番号（左づめハイフン除く）
- 住所　都道 府県
- 宛名

申請代行者欄
被保険者以外の方が申請する場合にご記入ください。
- 氏名　被保険者との関係
- 電話番号（左づめハイフン除く）　申請代行の理由　1. 被保険者本人が入院中で外出できないため　2. その他（　）

備考

被保険者証の記号番号が不明の場合は、被保険者のマイナンバーをご記入ください。（記入した場合は、本人確認書類等の添付が必要となります。）

社会保険労務士の提出代行者名記入欄

以下は、協会使用欄のため、記入しないでください。

受付日付印

2 3 0 1 1 1 0 1

(2022.12)

全国健康保険協会 協会けんぽ

1/1

限度額適用認定申請書

※協会けんぽの書式。他の公的医療保険では体裁が異なる。

適用を受ける人の被保険者証の記号番号、氏名、住所などを記入する。認定されると限度額適用認定証が発行される。

- 医療費を支払った後に適用を受ける場合は、高額療養費支給申請書を提出する。

いつまで／どこへ

医療費が高額になることがわかったらすみやかに、加入している健康保険などへ。

高額療養費の計算

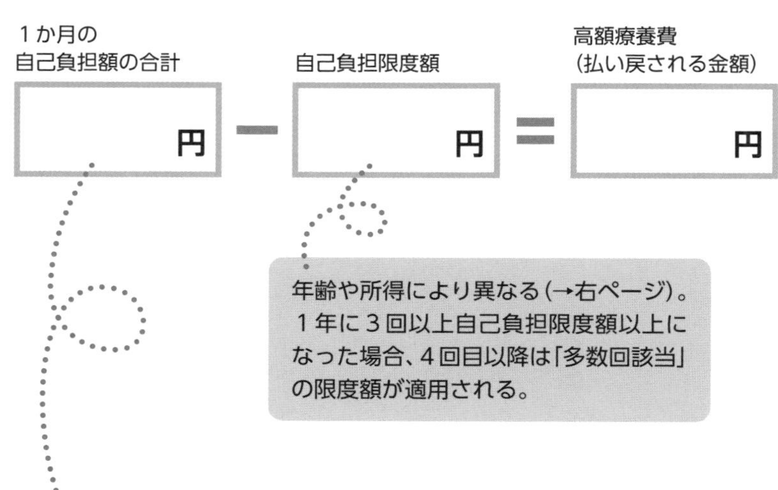

合算の基本ルール

❶ 異なる医療機関、医科と歯科、入院と外来（通院）は別々に合計する。

❷ ただし、それぞれ自己負担額が2万1000円以上の分は合算できる。

❸ 70歳以上は、上記の区別や上限額に関係なく合算できる。

❹ 家族の分も合算できる（世帯合算）

- 家族（同じ世帯）の同じ月の自己負担額は合算できる（70歳未満は2万1000円以上の分）。ただし、同じ公的医療保険に加入していること。

自己負担限度額は所得で変わる

70歳未満

健＝協会けんぽ、組合けんぽ。
国＝国民健康保険。

所得区分		自己負担限度額
健	標準報酬月額 83万円以上	25万2600円＋(医療費－84万2000円)×1％ 多数回該当14万100円
国	旧ただし書き所得* 901万円超	
健	標準報酬月額 53万～79万円	16万7400円＋(医療費－55万8000円)×1％ 多数回該当９万3000円
国	旧ただし書き所得 600万～901万円	
健	標準報酬月額 28万～50万円	８万100円＋(医療費－26万7000円)×1％ 多数回該当４万4400円
国	旧ただし書き所得 210万～600万円	
健	標準報酬月額 26万円以下	５万7600円 多数回該当４万4400円
国	旧ただし書き所得 210万円以下	
低所得者（住民税非課税）		３万5400円 多数回該当２万4600円

＊前年の所得（総所得金額）から基礎控除を差し引いた金額。

70歳以上

健＝協会けんぽ、組合けんぽ。
国・後＝国民健康保険、後期高齢者医療制度。

所得区分			自己負担限度額
現役並み所得者	健	標準報酬月額 83万円以上	25万2600円＋(医療費－84万2000円)×1％ 多数回該当14万100円
	国・後	課税所得 690万円以上	
	健	標準報酬月額 53万～79万円	16万7400円＋(医療費－55万8000円)×1％ 多数回該当９万3000円
	国・後	課税所得 380万円以上	
	健	標準報酬月額 28万～50万円	８万100円＋(医療費－26万7000円)×1％ 多数回該当４万4400円
	国・後	課税所得 145万円以上	
一般世帯	健	標準報酬月額 26万円以下	５万7600円* 多数回該当４万4400円 ＊外来のみの場合は個人ごとに1万8000円。
	国・後	課税所得 145万円未満	
低所得者（住民税非課税）			２万4600円* ＊年金収入80万円以下などの世帯は1万5000円。外来のみの場合は個人ごとに8000円。

COLUMN

認知症について知識を持っておこう

認知症は、老化などさまざまな原因により脳の機能が下がり、生活や対人関係に支障が出る病気です。もの忘れ（記憶障害）や理解力・判断力の低下などが代表的な症状です。こうした症状への不安やあせりからうつ状態に陥ったり、徘徊（はいかい）や幻覚・妄想などが生じることもあります。誰もがなる可能性がありますが、年齢が進むとともに発症しやすくなります。

予防には、バランスのとれた食事や活動的な生活が大切です。また、早期発見・早期治療が重要です。適切な対応により、症状の進行を遅らせたり、改善したりする可能性もあります。

家族や周囲の人が「認知症かも」という言動に気づいたときは、できるだけ早くかかりつけ医や地域包括支援センターなどに相談してみましょう。

家族ができること・心がまえ

1. 予兆を見逃さず、早期発見・早期治療を心がける
2. 認知症について、正しい知識を身につける
3. 介護保険などのサービスを積極的に活用する
4. 経験者や地域の交流の場に参加して情報交換する
5. 不安を抱え込まない、介護をがんばりすぎない

第4章

退職金・税金の基本知識と手続き

INDEX

退職金制度

会社の退職金制度を確認しておく

まとめ 退職金制度は、会社が従業員に独自の退職金を支給する制度。内容は会社ごとに異なる。支給方法は一時金と年金がある。

■会社により種類や内容は異なる

退職時に会社から受け取る退職金は、定年退職後の資金計画で欠かせないものです。**退職金の支給方法には、退職一時金（退職時に一括して支給）と、退職年金（年金として支給。企業年金）というタイプがあります。**一時金と年金を併用している場合もあります。一時金は社内で準備する会社もあれば、社外で積み立てる会社もあります。その算定方法も、給与と連動していたり、職能や勤続年数をポイントにしていたりとさまざまです。年金には、確定給付型のほか確定拠出型を採用している会社もあります（→ 90 ページ）。支給が有期か終身かといった違いもあります。

すべての会社に退職金制度があるわけではありません。自社の退職金制度について、できるだけ早く確認しておくことが大切です。

■受け取り方はライフプランから考える

一時金か年金かを選べる場合、どちらが有利でしょうか。**一時金のメリットは、退職所得控除（→ 162 ページ）により大きな税金の優遇を受けられることです。年金のメリットは、一定額ずつ長くもらえるため計画的に活用しやすいことです。**

税制面では、多くの場合一時金が有利ですが、その後の働き方や資金の使い方、運用方法などを総合的に考慮して選択します。

知っ得メモ **退職金の算定**　退職金は勤続年数が長いほど高額になる傾向があったが、別テーブル方式、定額方式、ポイント制など、職能なども考慮した算定方法が採られる会社が増えている。

一時金と年金の２つのタイプがある

退職一時金

社内準備（社内一時金）

- 会社によって算定方法は異なる。

外部積立

（中小企業退職金共済など）

- 国などによる共済制度を利用する。

退職年金（企業年金）

（→ 90 ページ）

確定給付型

（確定給付企業年金）

- あらかじめ規約により給付額が決まっている。

確定拠出型（確定拠出年金）

- 本人の運用により給付額が変わる。

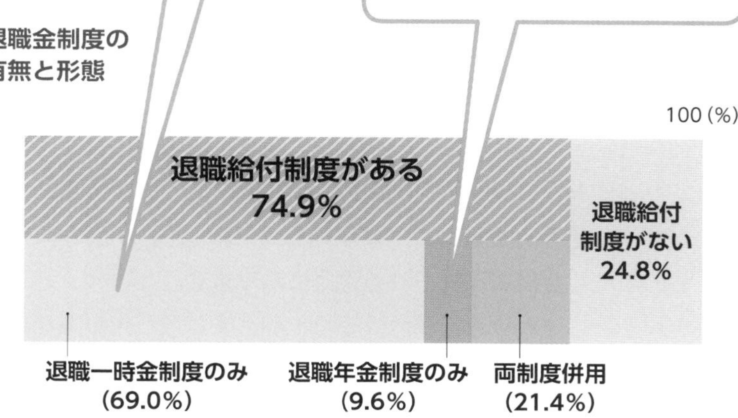

（　）は「退職給付制度がある」を 100 としたときの割合。
「令和５年就労条件総合調査」（厚生労働省）

メリットとデメリットを確認

一時金

- 退職所得控除（→ 162 ページ）の対象となり、税金は年金より少なくすむケースが多い。
- まとまった金額となり、使いすぎてしまう恐れがある。

年金

- 受け取る総額は一般に一時金より多くなる。
- 分割して受け取るため、使いすぎを避けられる。
- 所得額をもとに決まる社会保険料などが高くなる場合がある。

退職金の税金

退職金に対する税金は大きく軽減される

まとめ 退職金（一時金）には、退職所得控除という税金の軽減措置がある。年金でもらう場合は公的年金等控除の対象となる。

■一時金には退職所得控除がある

退職金には、所得税（および復興特別所得税）と住民税がかかります。ただし、定年後の大切な資金であることから、特にまとまった金額となる一時金には、大きな軽減措置が設けられています。

退職金（一時金）は退職所得という扱いとなり、他の所得とは区別して課税されます（分離課税）。**退職所得には、勤続年数に応じて退職所得控除が適用されます（たとえば勤続年数40年なら2200万円）。さらに控除後の金額を2分の1にした額に課税されることになります。**

退職金を年金として受け取る場合は、1年間に受け取った金額を公的年金や個人年金保険などの所得と合計した雑所得として課税されます。公的年金等の合計額からは、公的年金等控除を差し引くことができます。

■控除を受けるには手続きが必要

退職金（一時金）に対する所得税や住民税は、退職金の支払い時に源泉徴収されます。**源泉徴収時に退職所得控除の適用を受けるには、退職所得の受給に関する申告書を会社に提出することが必要です。**

この申告書を提出しなかった場合は退職所得控除が適用されず、一律20.42％が源泉徴収されます。ただし、翌年に確定申告すれば、納めすぎた分は還付を受けられます。

知っ得メモ **1/2課税が受けられない場合** 勤続年数5年以下の役員の退職金と、勤続年数5年以下の社員の300万円を超える部分については、1/2課税が適用されない。

退職所得控除のしくみ

退職所得の計算

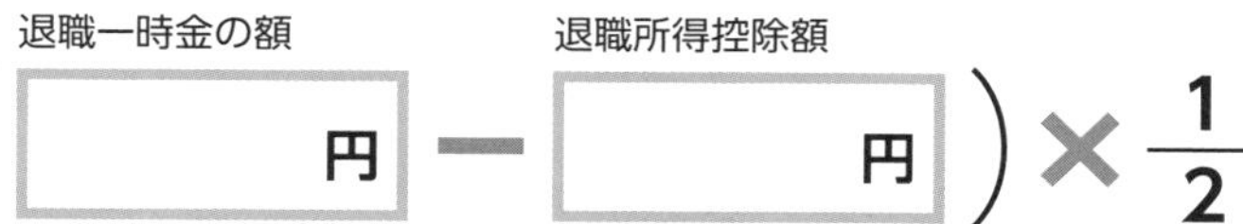

$$\left(\boxed{\quad 円} - \boxed{\quad 円} \right) \times \frac{1}{2}$$

＝ 退職所得 円

この金額に所得税や住民税がかかる（退職金から源泉徴収）。

この金額を差し引くことができる

勤続 20 年以下
→ 40 万円×勤続年数*（最低 80 万円）

勤続 20 年超
→ 800 万円＋70 万円×（勤続年数*－20 年）

＊端数は切り上げ。

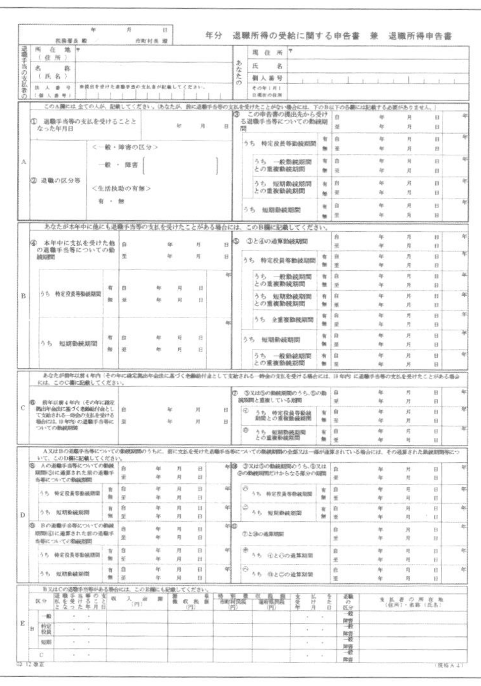

年分　退職所得の受給に関する申告書　兼　退職所得申告書

年　月　日　税務署長 殿　市町村長 殿

退職手当の支払者の：所在地（住所）／名称（氏名）／法人番号（個人番号）※提出を受けた退職手当等の支払者が記載してください。

あなたの：現住所／氏名／個人番号／その年1月1日現在の住所

A　このA欄には、全ての人が、記載してください。（あなたが、前に退職手当等の支払を受けたことがない場合には、下のB以下の各欄には記載する必要がありません。）
① 退職手当等の支払を受けることとなった年月日　年　月　日
② 退職の区分等　＜一般・障害の区分＞　一般・障害　＜生活扶助の有無＞　有・無
③ この申告書の提出先から受ける退職手当等についての勤続期間　自　年　月　日　至　年　月　日
うち　特定役員等勤続期間　有・無
うち　一般勤続期間との重複勤続期間　有・無
うち　短期勤続期間との重複勤続期間　有・無
うち　短期勤続期間　有・無

B　あなたが本年中に他にも退職手当等の支払を受けたことがある場合には、このB欄に記載してください。
④ 本年中に支払を受けた他の退職手当等についての勤続期間　自　年　月　日　至　年　月　日
うち　特定役員等勤続期間
うち　短期勤続期間
⑤ ③と④の通算勤続期間
うち　特定役員等勤続期間
うち　一般勤続期間との重複勤続期間
うち　短期勤続期間との重複勤続期間
うち　全重複勤続期間
うち　短期勤続期間
うち　一般勤続期間との重複勤続期間

退職所得の受給に関する申告書

退職年月日や勤続年数、マイナンバー、住所などを記入する。

注意！

提出しないと退職所得控除を受けられず、税率 20.42％が適用される。

いつまで／どこへ

退職するまでに会社へ（会社から税務署へ提出）。

退職時の住民税

住民税は退職時に一括で納める場合がある

まとめ 住民税は退職の時期による納め方の違いに注意。また、退職翌年の住民税は収入減なら負担が大きい場合がある。

所得割と均等割の合計額を納める

住民税は、１年間の所得に対して都道府県と市区町村に納める税金です。**会社員は給与から天引きされ（特別徴収）、会社が代わって納付します。所得税の源泉徴収と同様です。それ以外の人は、原則として納税通知書などにより、通常年４回に分けて自分で納めます（普通徴収）。**

住民税の額は所得割と均等割の合計です。所得割は所得に応じて課税され、所得の10％（市町村民税６％、道府県民税４％）です。均等割は課税対象となる人に一律で割り当てられ、年4000円です（令和６年度から森林環境税1000円が上乗せされる・標準税率）。

退職時期と住民税の関係に注意

会社員の住民税は、前年の所得に課税された額を６月から翌５月に月割りで納めます。定年退職などの際は納付のしかたに注意が必要です。

１月から５月に退職する人は、退職月から５月分までの給与から徴収されるはずだった税額を、最後の給与または退職金から一括で納めます。６月から12月に退職する人は、退職翌月分からは市区町村から届く住民税の納税通知書により自分で納めます（希望により、退職月の一括納付もできる）。

さらに、**退職翌年の住民税に注意します。在職最後の年の所得に対する税額となり、退職後に収入が減っていると負担が大きいためです。**

知っ得メモ **住民税の納付** 自治体からの納税通知書が納付書になっており、市区町村役場の窓口や指定金融機関、コンビニなどで納める。自治体によってはクレジットカード決済も可能。

住民税の計算と退職時の注意点

住民税の計算

所得割…所得に対して課税される。

課税所得金額＊

（　　　円）× 10% ＝（　　　円）

＊収入から必要経費や該当する所得控除を差し引いた金額。

市町村民税（東京23区は特別区民税）6％
＋道府県民税（東京都は都民税）4％（標準税率）

均等割…定額が課税される。

5000 円

市町村民税（東京23区は特別区民税）3000円
＋道府県民税（東京都は都民税）1000円（標準税率）
＋森林環境税 1000円

＋

住民税額（所得割＋均等割）

（　　　円）

前年の所得に課税された額を、6月～翌年5月に分割して納める（給与から天引き・特別徴収）。

退職月で住民税が変わる

退職月	6月	7月	8月	9月	10月	11月	12月	1月	2月	3月	4月	5月

退職が6～12月なら

退職翌月から翌年5月分までの住民税は自分で納める（普通徴収）。または最後の給与などから一括で納める。

退職が1～5月なら

退職月から5月分までの住民税は、最後の給与などから一括で納める。

生命保険の税金

保険の契約内容によって税金が変わる

まとめ 生命保険の保険金にかかる税金は、保険の契約や受け取り方によって変わる。税金の種類や負担が異なるので注意する。

■ 所得税以外の税金がかかることも

現役時代に加入していた生命保険が満期を迎えたり、見直しにより解約することもあるでしょう。こうした満期保険金または死亡保険金、解約返戻金には税金がかかりますが、税金の種類は契約内容により変わります。どんな税金の対象になるのか確認しておきましょう。

自分で保険に加入して保険料を支払い、自分が保険金を受け取るような場合は所得税（および復興特別所得税）と住民税がかかります。

夫が自分を被保険者として保険に加入して保険料を支払い、妻が死亡保険金を受け取るようなケースでは相続税の対象です。また、このケースで受け取るのが満期保険金なら贈与税となります。それぞれ申告方法や税額も異なるため、事前に確認しておきましょう。保険金と一緒に配当金を受け取る場合は、保険金に含めて課税されます。

なお、医療保険の入院給付金や手術給付金、がん保険のがん診断後の給付金などは非課税です。

■ 一時金なら一時所得として課税される

満期保険金や死亡保険金の所得税は、一時金の受け取りなら一時所得として計算します。50 万円の特別控除などがありますが、課税される金額が給与や年金以外の所得と合計して 20 万円超なら、確定申告が必要です。

知っ得メモ **リビング・ニーズ特約** 被保険者が余命６か月以内などと判断された場合、本来は亡くなったときに支払われる死亡保険金の一部または全部を生前に受け取れる特約。

契約内容によって税金の種類が変わる

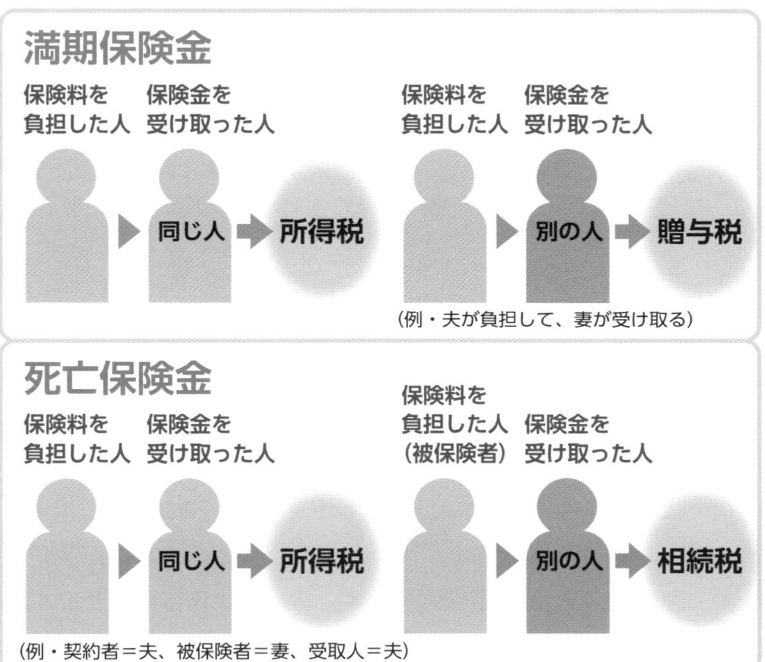

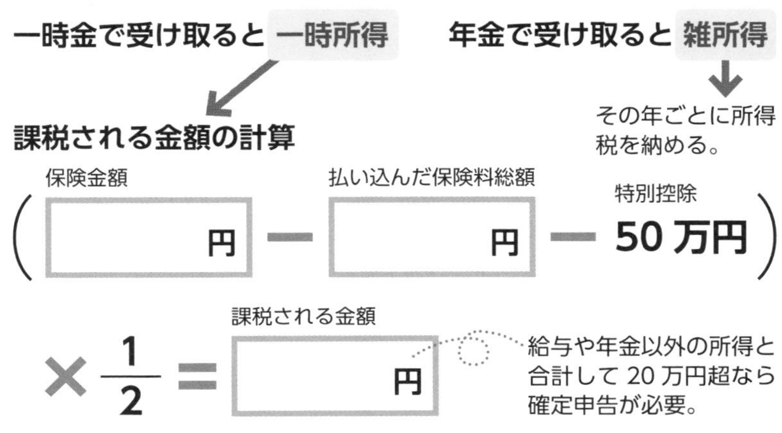

所得税がかかる場合の計算

一時金で受け取ると 一時所得

年金で受け取ると 雑所得

その年ごとに所得税を納める。

課税される金額の計算

（保険金額 □円 － 払い込んだ保険料総額 □円 － 特別控除 50万円）× 1/2 ＝ 課税される金額 □円

給与や年金以外の所得と合計して20万円超なら確定申告が必要。

確定申告

定年後の確定申告で税金が戻ることがある

まとめ 給与や年金以外に20万円超の所得がある場合などは確定申告が必要。その他、確定申告をすることで税金が戻る場合もある。

■年金受給者でも確定申告が必要な場合も

確定申告とは、1月1日から12月31日までの1年間の所得税を計算し、税務署に確定申告書を提出して納税することです。

会社員や年金受給者は、給与や年金から所得税（および復興特別所得税）が源泉徴収されているため、原則として確定申告の必要はありません。ただし、**給与収入が年2000万円超、公的年金等の合計額が年400万円超、給与や年金のほかに年20万円超の所得がある人は確定申告が必要です。**

また、医療費控除（→174ページ）など、源泉徴収に反映されていない所得控除を受ける人などは、確定申告で税金が戻る場合があります（還付申告）。定年退職の年には、右ページのようなケースも確認しておきましょう。

■納付方法はいろいろある

申告時には、本人確認書類（マイナンバーカードなど）が必要になるほか、申告内容に応じた必要書類を添付します。

納付は税務署の窓口や指定金融機関、コンビニなどで行うほか、クレジットカード（決済手数料がかかる）や口座引き落としでもできます。e-Taxを利用していれば、申告時のダイレクト納付やインターネットバンキングによる納付も可能です。還付金がある場合は、申告時に振込口座を指定しておきます（申告書に記入）。

知っ得メモ **e-Tax（イー・タックス）** 所得税や贈与税、相続税といった国税の申告や一定の国税に関する手続きをオンライン上で行うしくみ。利用には事前の手続きが必要。

確定申告が必要な人／税金が戻る人（例）

確定申告が必要な人

- [ ] 給与収入が年 2000 万円を超える。
- [ ] 給与や年金など以外に合計で年 20 万円超の所得がある。
- [ ] 合計で年 400 万円超の年金をもらっている。

確定申告で税金が戻る可能性がある人

- [ ] 扶養親族等申告書を提出していない。
- [ ] 年金受給者で生命保険などの保険料を支払っている。
- [ ] 世帯で 10 万円を超える医療費を支払った。
- [ ] 災害や盗難の被害にあった。
- [ ] 2000 円を超える寄附をした。

定年退職した翌年に確定申告すれば、税金が戻る可能性のある人

- [ ] 退職金を受け取ったが「退職所得の受給に関する申告書」を提出していない。
- [ ] 年の途中で退職した（その年の年末調整を受けていない）。

自分で 1 年間の所得をまとめ、税額を計算して申告・納税する。

いつまで／どこへ

2月 16 日～3月 15 日＊までに住所地を管轄する税務署へ。

＊還付申告は 1 月から受け付けている。土日の関係で年により多少ずれる。

第一表と第二表を使って 1年間の税金を計算する

まとめ 確定申告書は第一表と第二表がワンセットになっている。申告内容に応じて、計算明細書など必要な書類を作成する。

まず第一表と第二表を使う

確定申告書には第一表と第二表があります。**第一表で、所得などを記入して納める税額を計算します。第二表には、主に所得の種類や控除の内容などを記入します。**第二表→第一表の順に記入すると、スムーズに作成できます。第一表では、まず収入と所得を区別して記入、所得を合計します。収入とは、給与、年金、また事業などで手に入れたお金です。所得は収入から必要経費（収入を得るためにかかった費用）を差し引いた金額です。会社員なら給与所得控除、年金受給者なら公的年金等控除を差し引いた金額となります。

次に第二表などから所得控除の金額を記入して、**所得の合計から所得控除の合計を差し引きます。この金額（課税所得金額）に税率を掛けて所得税額を計算します。**その後、税額控除や復興特別所得税、源泉徴収税額などについて計算して、実際に納める税額を求めます。

計算明細書や付表が必要になることも

そのほか、不動産や株式の売買による収入がある場合には、他の所得と区別して税額を計算する必要があるため、第三表を使用します。

また、医療費控除を受けるなら医療費控除の明細書、住宅ローン控除を受けるなら住宅借入金等特別控除額の計算明細書など、申告内容に応じて計算明細書や付表が必要になる場合もあります。

知っ得メモ **復興特別所得税**　東日本大震災からの復興の財源とするためにつくられた税金。税額は所得税額の 2.1%。令和 19 年まで納付する。

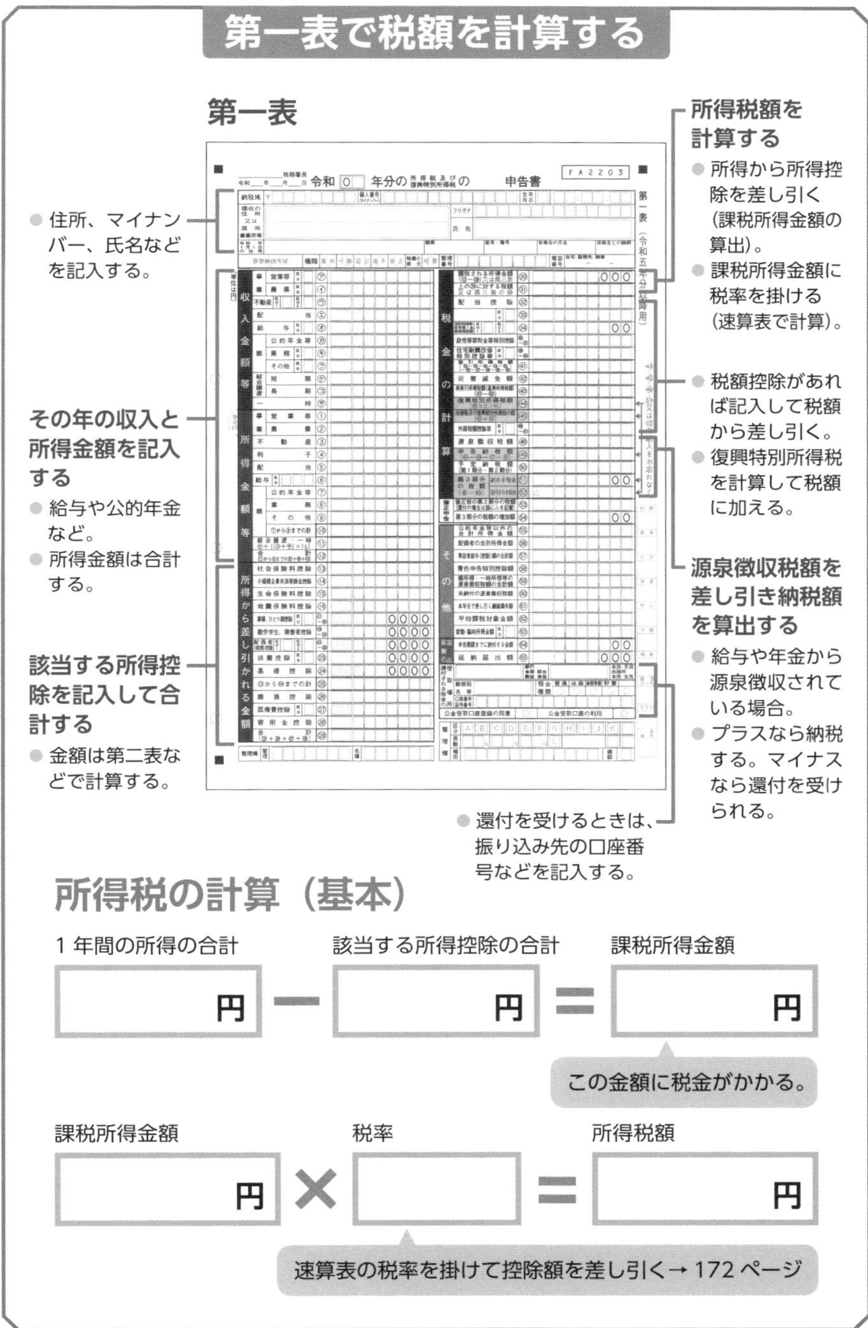

第一表で税額を計算する
第一表
住所、マイナンバー、氏名などを記入する。
その年の収入と所得金額を記入する
給与や公的年金など。
所得金額は合計する。
該当する所得控除を記入して合計する
金額は第二表などで計算する。
所得税額を計算する
所得から所得控除を差し引く（課税所得金額の算出）。
課税所得金額に税率を掛ける（速算表で計算）。
税額控除があれば記入して税額から差し引く。
復興特別所得税を計算して税額に加える。
源泉徴収税額を差し引き納税額を算出する
給与や年金から源泉徴収されている場合。
プラスなら納税する。マイナスなら還付を受けられる。
還付を受けるときは、振り込み先の口座番号などを記入する。
所得税の計算（基本）
1年間の所得の合計
円
－
該当する所得控除の合計
円
＝
課税所得金額
円
この金額に税金がかかる。
課税所得金額
円
×
税率
＝
所得税額
円
速算表の税率を掛けて控除額を差し引く→172ページ

注・上の申告書は令和6年3月現在のもの。また、国税庁ホームページ「確定申告書等作成コーナー」や e-Tax による申告書の作成も可能（記入の流れは紙とは異なる）。

確定申告書の書き方②

給与や年金から一定額を差し引くことができる

まとめ 申告する人の条件により、所得から所得控除、税額から税額控除を差し引ける場合がある。

■所得控除により税額は軽減される

所得からは、条件により一定額を差し引く（控除）ことができます。これを所得控除といいます。納税する人の個人的な事情や状況により、税負担を軽減するためのしくみです。

所得控除には、基礎控除や配偶者控除といった源泉徴収や年末調整で受けられるもののほか、適用を受けるには確定申告が必要なものもあります。医療費控除（→ 174 ページ）や寄附金控除、雑損控除などです（→ 176 ページ）。これらの所得控除は、第二表や計算明細書などで控除額を計算して、第一表で所得から差し引きます。

また、税額から直接差し引くことができる税額控除もあります（→ 176 ページ）。適用には、原則として確定申告が必要です。

所得税の速算表 A × B − C で計算

課税所得金額 A	税率 B	控除額 C
195 万円以下	5%	−
195 万円超 330 万円以下	10%	9 万 7500 円
330 万円超 695 万円以下	20%	42 万 7500 円
695 万円超 900 万円以下	23%	63 万 6000 円
900 万円超 1800 万円以下	33%	153 万 6000 円
1800 万円超 4000 万円以下	40%	279 万 6000 円
4000 万円超	45%	479 万 6000 円

第二表で主に所得控除の内容をまとめる

第二表

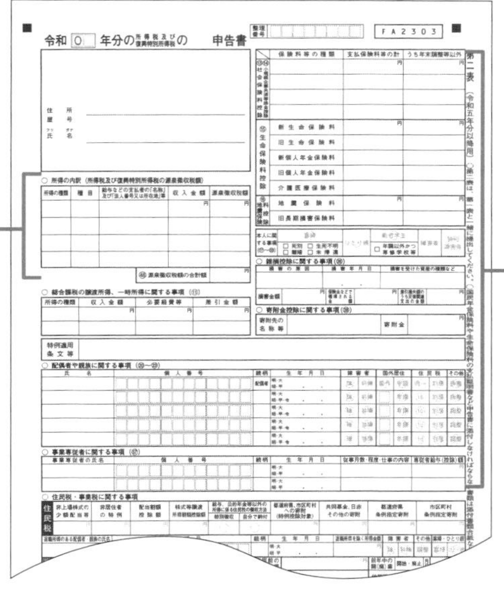
令和 年分の所得税及びの復興特別所得税の申告書

FA2303

その年の所得（給与や年金など）の内訳を記入する

- 支払者の名称や源泉徴収税額など。

該当する所得控除について記入する

- 源泉徴収票などをもとに記入する。
- 会社で年末調整を受けていて変更がなければ記入を省略できる。

主な所得控除

名称	対象	控除額
基礎控除	1年間の所得が 2500 万円以下。	最高 48 万円
社会保険料控除	本人や家族の社会保険料（健康保険料、年金保険料など）を支払った。	1年間に支払った全額
生命保険料控除	一定の生命保険料や個人年金保険料、介護医療保険料を支払った。	それぞれ最高4万円（合計で最高 12 万円）*
扶養控除	16 歳以上の扶養親族がいる。（扶養親族の1年間の所得が48万円以下）	扶養親族の年齢などにより1人 38 万～ 63 万円
配偶者控除	扶養している配偶者がいる。（配偶者の1年間の所得が48万円以下。本人の所得が1000万円以下）	最高 38 万円（70 歳以上の配偶者は最高 48 万円）
配偶者特別控除	扶養している配偶者がいる。（配偶者の1年間の所得が48万円超133万円以下。本人の所得が1000万円以下）	最高 38 万円

＊平成 23 年以前の契約は、生命保険料、個人年金保険料がそれぞれ最高５万円（合計で最高 10 万円）。
注・上の申告書は令和６年３月現在のもの。

医療費控除

1年間の医療費 10万円超は医療費控除が受けられる

まとめ 1年間に10万円超の医療費を支払った場合、医療費控除により税金が軽減される。適用を受けるには確定申告が必要。

■治療のための費用が対象となる

医療費控除は所得控除の１つで、**1年間に原則10万円を超える医療費を支払ったとき、適用を受ければ税金が還付される場合があります。**本人の医療費だけでなく、生計を一にしている家族であれば、配偶者、子、両親など（扶養親族でなくてもよい）の医療費も合算できます。

医療費控除の対象は、病院での診療費や治療費、入院費などだけでなく、入院時の部屋代（医師の指示でない差額ベッド代は不可）や食費、治療に必要な医療器具等の購入費、通院時の一定の交通費も含まれます。歯科治療やレーシック手術費用、その他医師の指示によるものが対象です。**ポイントは費用が治療目的かどうかです。病気の予防、健康増進、美容に関するものは対象外です。**申告に備え、明細書や領収書などは保管しておきましょう。

なお、高額療養費や生命保険の入院給付金、手術給付金などは、医療費から差し引いて計算します。

■医療費控除の明細書を作成する

医療費控除を受けるには確定申告が必要です。確定申告書に加えて、医療費控除の明細書を作成して添付します。医療を受けた人ごとに、医療機関など支払い先、医療費の内容など、医療費の内訳を書いて合計します。医療費の領収書などは原則として提出不要ですが、５年間保存する必要があります。

知っ得メモ **セルフメディケーション税制** 市販薬のうちスイッチOTC医薬品等の購入費用を控除できる制度。年1万2000円超の部分が対象（8万8000円が上限）。医療費控除との併用は不可。

還付される金額はこう計算する

医療費控除の計算

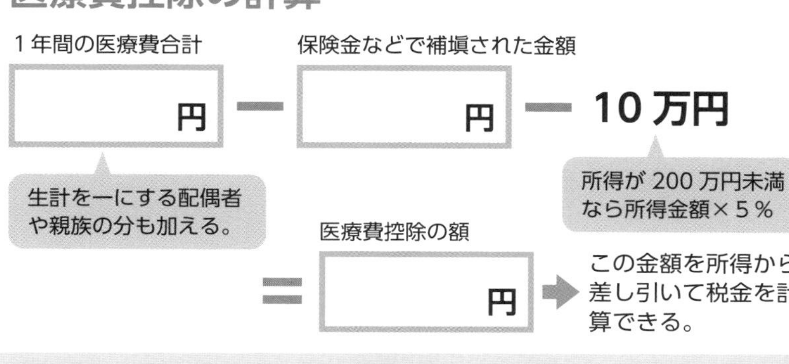

参考 還付金額のめやすの計算

医療費控除の額 ✕ 所得税率（速算表→172ページ）＝ 還付金額のめやす　円

注・他に適用を受ける所得控除などで変わる。

年分　医療費控除の明細書【内訳書】

※この控除を受ける方は、セルフメディケーション税制は受けられません。

住　所　　　　　氏　名

1　医療費通知に記載された事項

医療費通知（※）を添付する場合、右記の(1)～(3)を記入します。

※医療保険者等が発行する医療費の額等を通知する書類で、次の６項目が記載されたものをいいます。
（例：健康保険組合等が発行する「医療費のお知らせ」）
①被保険者等の氏名、②療養を受けた年月、③療養を受けた者、④療養を受けた病院・診療所・薬局等の名称、⑤被保険者等が支払った医療費の額、⑥保険者等の名称

(1) 医療費通知に記載された医療費の額（自己負担額）（注）	(2) (1)のうちその年中に実際に支払った医療費の額	(3) (2)のうち生命保険や社会保険（高額療養費など）などで補てんされる金額
円	㋐　円	㋑　円

（注）医療費通知には前年支払分の医療費が記載されている場合がありますのでご注意ください。

2　医療費（上記１以外）の明細　「領収書１枚」ごとではなく、「医療を受けた方」・「病院等」ごとにまとめて記入できます。

(1) 医療を受けた方の氏名	(2) 病院・薬局などの支払先の名称	(3) 医療費の区分	(4) 支払った医療費の額	(5) (4)のうち生命保険や社会保険（高額療養費など）などで補てんされる金額
		□診療・治療 □介護保険サービス □医薬品購入 □その他の医療費	円	円
		□診療・治療 □介護保険サービス □医薬品購入 □その他の医療費		
		□診療・治療 □介護保険サービス □医薬品購入 □その他の医療費		
		□診療・治療 □介護保険サービス □医薬品購入 □その他の医療費		
		□診療・治療 □介護保険サービス □医薬品購入 □その他の医療費		
		□診療・治療 □介護保険サービス □医薬品購入 □その他の医療費		
		□診療・治療 □介護保険サービス □医薬品購入 □その他の医療費		
		□診療・治療 □介護保険サービス □医薬品購入 □その他の医療費		
		□診療・治療 □介護保険サービス □医薬品購入 □その他の医療費		
		□診療・治療 □介護保険サービス □医薬品購入 □その他の医療費		
		□診療・治療 □介護保険サービス □医薬品購入 □その他の医療費		
		□診療・治療 □介護保険サービス □医薬品購入 □その他の医療費		
		□診療・治療 □介護保険サービス □医薬品購入 □その他の医療費		
		□診療・治療 □介護保険サービス □医薬品購入 □その他の医療費		
		□診療・治療 □介護保険サービス □医薬品購入 □その他の医療費		
		□診療・治療 □介護保険サービス □医薬品購入 □その他の医療費		
		□診療・治療 □介護保険サービス □医薬品購入 □その他の医療費		
２の合計			㋒	㋓

医療費の合計	A	(㋐＋㋒)　円	B	(㋑＋㋓)　円

3　控除額の計算

支払った医療費	（合計）　円	A
保険金などで補てんされる金額		B
差引金額（Ⓐ－Ⓑ）	（マイナスのときは０円）	C
所得金額の合計額		D
Ⓓ×0.05	（赤字のときは０円）	E
Ⓔと10万円のいずれか少ない方の金額		F
医療費控除額（Ⓒ－Ⓕ）	（最高200万円、赤字のときは０円）	G

申告書第一表の「所得金額等」の合計欄の金額を転記します。

申告書第一表の「所得から差し引かれる金額」の医療費控除欄に転記します。

この明細書は、申告書と一緒に提出してください。

医療費控除の明細書

家族ごとに医療機関など支払い先、医療費の内容を分けて医療費を記入する。合計額から医療費控除額を計算して、確定申告書第一表の該当欄に転記する。

医療費の領収書などは原則添付不要ですが、5年間の保存が必要です。

その他の所得控除や税額控除

ケースによって受けられる控除を知っておこう

まとめ 医療費控除以外にも、確定申告で寄附金控除や雑損控除を受けられる。税額から直接控除される税額控除も知っておきたい。

■ 有利な控除制度を活用する

応援したい都道府県や市区町村への寄付により、特産品などの返礼品をもらえる「ふるさと納税」が人気です。**ふるさと納税では寄附金控除を受けられます。2000円を超える寄附金部分を、所得税や住民税から差し引くことができます。**原則として確定申告が必要ですが、１年間の寄付先が５つの自治体以内なら、事前に寄付先の自治体に申請することで確定申告を不要にできます（ワンストップ特例）。

自然災害や火災、盗難などによる被害を受けた場合には、その被害額について、右ページの計算により雑損控除を受けられます。住宅、家財など生活に必要な資産が対象です。本人のほか、生計を一にする配偶者や親族も対象です。

■ 税額控除は税額から直接控除される

税額控除は税額から直接控除されるため、所得控除より大きく税金を減らせます。住宅ローンを組んで住宅を購入、建て替え、増改築したときの住宅ローン控除が代表的です。年末のローン残高に応じて、一定の税金が戻ります。確定申告や年末調整で適用を受けられます。

こうした控除などは自動的に適用されるわけではなく、確定申告や申請が必要です。情報収集をして知識を持っておきましょう。

知っ得メモ **災害減免法**　災害で住宅や家財の1/2以上の損害（時価）があったときに受けられる救済措置。所得金額により税額の1/4～全額が減免される。雑損控除との併用はできない。

寄附金控除、雑損控除の計算と記入のしかた

寄附金控除（ふるさと納税など）の計算

特定寄付金の合計額 ＿＿＿円 － 2000円 ＝ 寄附金控除の額 ＿＿＿円

注・ふるさと納税以外の一定の寄附金も合計する（特定寄附金）。総所得金額の40%が上限。

雑損控除の計算

注・差引損失額とは、災害等による損害金額から保険金などで補塡された金額を差し引いたもの。
災害等関連支出とは、差引損失額のうち原状回復費用や住宅の取り壊しなどの費用。

申告書はここに記入する

第一表

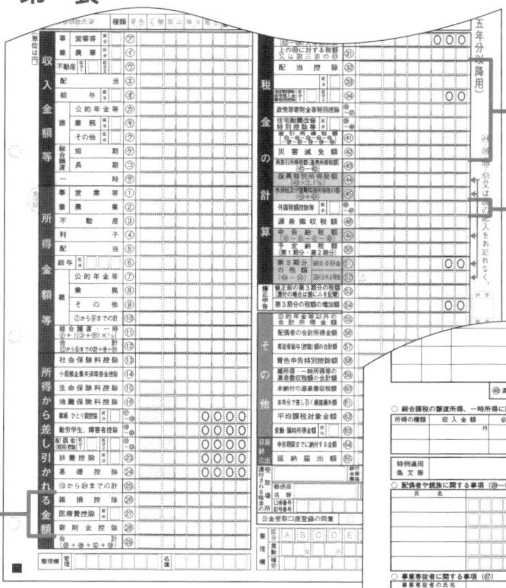

税額控除があるときは、該当する欄に記入して税額から差し引く。

第二表から該当欄に控除額を転記して、他の所得控除と合計する。

ふるさと納税
寄付をした自治体名と寄付金の合計額を記入する（上）。
寄付金の合計額を記入する（下）。

雑損控除
損害の原因や年月日、資産の種類、損害の金額などを記入する。

第二表

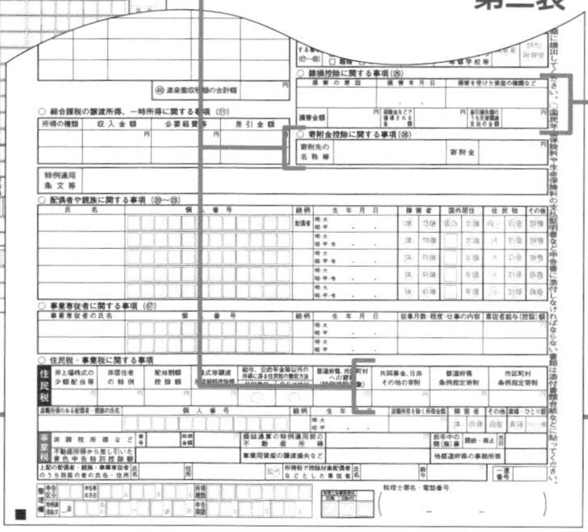

PICK UP

子などへの資金援助には贈与税がかかることがある

自分以外の人に財産を無償で譲ることを贈与という。年110万円超の贈与には贈与税がかかる。

■資金援助は贈与税に注意

子や孫などに対して、住宅購入や教育資金、結婚費用といった資金援助をすることがあります。また、相続税対策として生前に財産を渡すこともあるでしょう。**こうした資金援助などは贈与税の対象です。**金銭だけでなく、株などの金融商品、土地・建物などの不動産、車などの財産を譲る場合も同様です。借金返済を免除する、時価より著しく安い金額で財産を譲る、不動産などの名義を無償で変更するなども贈与となります。

■贈与の翌年に申告する

贈与税には年110万円の基礎控除があるため、1年間の贈与のうち110万円を超えた部分に課税されることになります。贈与税の税率は10～55%で、贈与された人に課税されます。**贈与金額が多いほど税率は高くなります。ただし、18歳以上の子や孫への贈与であれば特例税率が適用され、負担が軽減されます（→232ページ）。**

贈与税がかかる場合、贈与された年の翌年2月1日～3月15日までに、贈与税の申告書を作成して申告・納税します。

なお、贈与税にはいくつかの特例が設けられており、これらの特例を活用することで、税額をゼロにしたり、低く抑えることもできます（→220ページ）。計画的に活用を考えましょう。

知っ得メモ　**定期贈与**　毎年100万円を10年間など、同時期に同程度の額の資金援助を行うと、そもそも計画的な贈与（定期贈与）だったとみなされ、贈与の合計額に課税される場合がある。

贈与税の計算と申告手続き

1年間に贈与された金額の合計

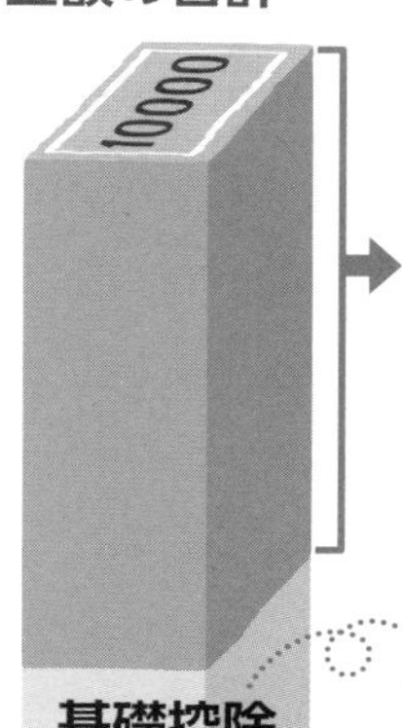

この部分（課税価格）に税金がかかる。

基礎控除 110万円

基礎控除までの贈与なら申告も不要。

課税価格

×

税率

一般税率と特例税率がある。速算表の税率を掛けて控除額を差し引く。

贈与税額

＝

贈与の目的によっては、特例を使って大きな贈与額を非課税にできる場合があります。

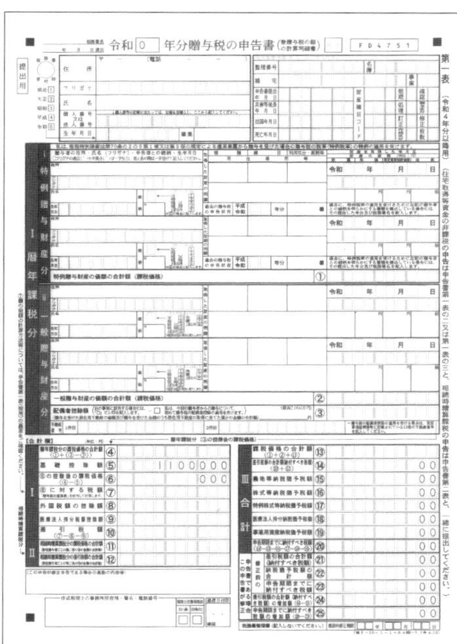

令和 0 年分贈与税の申告書

贈与税の申告書（第一表）

贈与金額を種類ごとに記入して合計、税額を計算する。

- 住宅取得等資金贈与の特例を利用するなら第一表の二、相続時精算課税制度を利用するなら第二表が必要になる。

いつまで／どこへ

贈与された翌年の2月1日～3月15日＊までに贈与を受けた人の住所地の税務署へ。

＊土日の関係で年により多少ずれる。

COLUMN

お得な制度をどんどん活用しよう

年金生活になれば、自分の時間は増えますが、限られた収入や貯蓄の範囲で暮らすことになります。商品やサービスがお得になる制度などは、積極的に活用したいものです。

旅行、レジャー、映画、買い物などさまざまな場面で、シニア割引が実施されています。年齢が高いほど有利になるものや、本人だけでなくその家族も利用できるものもあります。利用の際は年齢を証明できる書類などが必要です。

その他にも、株式を一定以上保有することでその会社からもらえる株主優待や、自治体への寄付に対して返礼品をもらえるふるさと納税なども活用を考えてみてはどうでしょうか。

また、高齢になって免許証を返納すると「運転経歴証明書」が交付され、バスやタクシーの割引、飲食店やデパート、ホテル宿泊の割引などの特典を受けられることがあります。

こうした制度は知らなければ使えません。日ごろからアンテナを立ててチェックしておきましょう。

毎日を楽しむきっかけにもなる

シニア割引を使えば旅行や映画も気軽に行ける！

株主優待で○○のセットが届いた！

今年はふるさと納税の返礼品をどれにしよう？

第5章

介護保険の基本知識と手続き

INDEX

介護の考え方

家族みんなで分担して取り組む

まとめ 介護は家族にとって重大でデリケートな問題。分担や費用について話し合っておく。できるだけ本人の意思を尊重する。

■介護の必要は突然訪れることも

年齢を重ねるごとに、大きな心配の種となるのが介護です。介護は「ある日突然」必要になることもあります。親ばかりでなく、自分自身や配偶者の介護についても備えておきたいものです。

介護の備えでまず必要なのは、家族の話し合いです。親の介護なら、本人にどんな介護を望むか希望などを確認したうえで、家族や兄弟姉妹などがどのように分担するか、どんなサービスを活用するかなどを話し合います。

ポイントは、家族全員が協力するという意識です。老老介護（高齢の配偶者などが介護を担う）、遠距離介護になる場合などは、よりこまかな話し合いや準備を行います。家族や親族全員が分担して取り組みましょう。

■介護にはお金がかかる

いざ介護となったとき、大きな問題になるのがお金です。在宅で介護をするなら、介護用のベッドや自宅のリフォーム、ヘルパーなどの費用、施設に入居するなら入居一時金と月々の費用などを考えなければなりません。

本人の収入や貯蓄でまかなうのが基本ですが、どんな費用が必要になるのかおおよその金額を見積もっておきましょう。**介護保険をはじめとする公的サービスを上手に活用することも欠かせません。**そのためには、市区町村役場などでしっかり情報収集することが必要です。

知っ得メモ **75歳以上で要介護は急増**　介護保険の被保険者のうち、65～74歳で要介護認定を受けた人は3.0%。ところが、75歳以上になると23.4%となる（「令和5年版高齢社会白書」）。

家族の介護に備えて話し合う

本人に聞いておくこと

- [ ] **健康状態**
現在の体の状態やかかっている病気、過去の傷病歴。

- [ ] **経済状態**
収入（年金など）や預貯金（介護のための蓄え）。

- [ ] **介護などの希望**
誰にどんな介護をしてほしいか、将来の生活や延命治療の希望。

- [ ] **その他**
通帳やカード、印鑑などの保管場所。

参考

一時的な介護費用（住宅改造、介護用品購入など）
…**平均74万円**

月々の介護費用
…**平均8.3万円**

介護期間
…**平均5年1か月**

「生命保険に関する全国実態調査2021年度」（生命保険文化センター）

家族で話し合っておくこと

- [ ] **家族の分担**
どのように介護を分担、協力するか。

- [ ] **費用**
費用はどれくらいかかるか、お金はどのように管理するか。

- [ ] **公的サービス**
介護保険などのサービスをどのように活用するか。

- [ ] **在宅か施設か**
在宅ならリフォームの必要性、施設なら種類や費用など。

介護保険のサービスは原則65歳から受けられる

まとめ 介護保険を利用することにより、介護にかかわるさまざまなサービスを１～３割の自己負担で受けられる。

■加入者（被保険者）は２つに分けられる

介護保険とは、高齢者の介護にかかる負担や費用を社会全体で支えるためのしくみで、市区町村が運営しています。**40歳になると介護保険の被保険者になります（第２号被保険者）。65歳になると第１号被保険者として、介護が必要な状態になったときに必要なサービスを受けられます**（第２号被保険者は特定疾病の場合のみ〈→知っ得メモ〉）。

第１号被保険者､第２号被保険者とも､所得に応じた保険料を納めます（給与や年金から天引きなど）。この保険料と公費(税金)が介護保険の財源です。なお、扶養されている配偶者も、65歳になると第１号被保険者として保険料を納めるようになります。

■どこに相談するか

介護保険についての身近な相談窓口は、市区町村役場の担当窓口や地域包括支援センターです。**地域包括支援センターとは、市区町村により設置されている地域の医療や介護の拠点となる機関です。**介護にかかわる専門家（主任ケアマネジャーや社会福祉士、保健師など）が配置されています。

また介護保険の利用では、**ケアマネジャー（介護支援専門員）の存在が欠かせません。**介護に関する専門家で、介護に関する相談、要介護認定の申請の代行、サービスの内容を決めるケアプランの作成などを依頼できます。

知っ得メモ **特定疾病**　第２号被保険者が介護保険サービスを受けられる、厚生労働省に指定された16の病気。脳血管疾患や末期のがん、合併症を起こした重度の糖尿病など。

介護保険制度のしくみ

市区町村

介護保険を運営する。

地域包括支援センター

地域の医療や介護、
高齢者福祉の拠点となる機関。

保険料の納付、要介護認定の申請。

要介護認定の実施、介護保険被保険者証の交付など。

申請手続きの代行、介護予防の推進など。

介護に関する相談など。

65 歳以上の人

▶ 第 1 号被保険者

保険料は市区町村に納める。年 18 万円以上の年金受給者は年金から天引き（特別徴収）。

要支援・要介護認定により、介護給付や予防給付を受けられる。

40 歳以上 65 歳未満の人

▶ 第 2 号被保険者

保険料は加入している健康保険などに納める（会社員なら給与などから天引き）。

特定疾病（加齢が原因の特定の病気など）に限り、必要な給付を受けられる。

ケアプランの作成や関連手続きなどの依頼。

ケアプランの作成、サービス実施の管理など。

介護保険のサービスの提供。

サービスを受けて、自己負担額を支払う。

ケアマネジャー

（介護支援専門員）

サービス利用者とサービス
事業者などを結ぶ専門職。

サービス事業者

市区町村の指定を受けて
介護保険サービスを行う。

介護保険の手続き

サービスを受けるには本人や家族の申請が必要

まとめ 介護保険の申請は市区町村に対して行う。手続きは地域包括支援センターなどに相談しながら進める。

■認定までは約1か月かかる

介護の代表的なきっかけに、病気やケガによる入院があります。退院後の不安は、まず病院の専門職（ソーシャルワーカー）に相談しましょう。

退院後に介護保険のサービスを利用するには、要介護認定の申請が必要です。市区町村の担当窓口や地域包括支援センターで手続き方法などを確認して、**本人または家族が市区町村に「要介護・要支援認定申請書」を提出します（代行してもらうこともできる）。**

その後、本人の状態に関するチェックリストの提出や訪問調査員への回答などを経て、要介護認定が行われます。認定結果が出るまでには約1か月かかります。必要が生じたら、すみやかに申請することが大切です。

■サービス内容はケアプランで決める

要介護認定により要支援または要介護と判定されると、介護保険のサービスを利用できます。このとき、利用者や家族の希望や状態に見合った介護の計画であるケアプランをつくります。

ケアプランは、一般にケアマネジャーに作成を依頼します(要介護の場合)。ケアマネジャーは、市区町村などでもらえるリストなどから選びます。依頼やケアプランの作成に費用はかかりません。ケアプランに基づいて実際にサービスを行うサービス事業者とは、利用者自身が契約します。

知っ得メモ **介護保険被保険者証** 65歳になると市区町村から交付される。要介護状態の区分などが記載され、サービスを利用するときなどに提示する。

介護保険サービス申請手続きの流れ

病気やケガなどにより
生活支援や介護が必要。
介護保険サービスを
利用したい。

要介護認定の申請をする

- 市区町村の担当窓口や最寄りの地域包括支援センターに相談する。
- 市区町村役場に「要介護・要支援認定申請書」を提出する。

認定調査や審査が行われる

- 市区町村の職員が自宅を訪れ、本人や家族に訪問調査を行う。
- 主治医の意見書も参考とされる。

申請から約１か月

要介護認定を受ける

- 認定内容が通知される。非該当、要支援１～２、要介護１～５のいずれか。
- 認定区分により、受けられるサービスの範囲や支給限度額が決まる。

要支援、要介護なら

ケアプランを作成する

- 要介護なら居宅介護支援事業所のケアマネジャー、要支援なら地域包括支援センターに依頼するのが一般的。
- 自分で作成することもできる。

サービス事業者と契約してサービス開始

- ケアプランに基づいてサービスを受ける。

要介護認定

受けられるサービスの範囲は要介護認定で決まる

まとめ 要介護認定により介護の必要度が判定され、サービスの内容や給付の上限などが決定する（定期的な見直しあり）。

■要支援と要介護でサービス内容は異なる

要介護認定は、要支援１～２、要介護１～５の７段階に分かれています。

要支援１～２は、基本的に自分で日常生活を送れるものの、部分的な支援が必要である状態です。要介護状態になることを防ぐための「予防給付」を受けられます。要介護１～５は、１人では日常生活が難しく、常に一定の介助などが必要な状態です。その状態に合った「介護給付」を受けられます。どちらの給付も１～３割の自己負担により受けられます。要介護認定は定期的に見直されます（更新認定）。

要支援より要介護、また数字が大きいほど介護の必要度が高いため、受けられるサービスの幅が広がります。たとえば、要介護では施設サービス（介護老人保健施設への入居など）も利用できます。支給限度額（１か月に受けられる居宅サービスの金額の上限）も多く設定されています。

■非該当でも一定のサービスあり

要支援、要介護に当てはまらない場合は非該当（自立）となり、介護保険サービスは受けられません。

ただし多くの自治体では、要支援、要介護を遠ざけるための取り組みを行っています（介護予防事業など）。こうしたサービスを利用することで、自立した生活を維持することに役立てられます。

知っ得メモ **認定前のサービス利用**　すぐに介護が必要な状態では、要介護認定の手続き中から判定結果を見込んでサービスを受けられる。判定結果とずれないようケアマネジャーとよく相談する。

要介護認定のめやすと支給限度額

軽度 ↔ 重度

区分	めやす	1か月の支給限度額*
要支援1	日常生活はほぼ自分でできるが、家事の一部などに支援が必要。	5万320円
要支援2	要支援1よりやや日常生活の能力が低下。一定の支援が必要。	10万5310円
要介護1	立ち上がりや歩行が不安定で、日常生活などで一定の介助が必要。	16万7650円
要介護2	立ち上がりや歩行が難しく、日常生活などで一部か多くの介助が必要。	19万7050円
要介護3	立ち上がりは自力ではできず、日常生活などで全面的な介助が必要。	27万480円
要介護4	要介護3より機能などが低下。日常生活などで全面的な介助が必要。	30万9380円
要介護5	寝たきりなどの状態で意思の伝達も困難。日常生活全般に介助が必要。	36万2170円

＊基準となる金額。市区町村などで異なる場合がある。

予防給付（要支援1・2）
要介護状態になることを防ぐための給付。介護給付より限定的で施設サービスは受けられない。

介護給付（要介護1～5）
要介護状態の進行を防ぐための給付。重度になるほど手厚いサービスが受けられる。

POINT
非該当（自立）の人も、市区町村の実施する介護予防や生活支援のサービスを受けられる場合がある。

介護保険の給付

介護保険のサービスは組み合わせて利用できる

まとめ 介護保険のサービスには自宅で受けるもの、自宅から通って受けるもの、施設に入所して受けるものなどがある。

■介護の負担軽減のために活用できる

要介護認定による介護保険のサービスには、在宅で利用するサービス（居宅サービス）と施設に入居して利用するサービス（施設サービス）などがあります。居宅サービスでは、ヘルパーなどが自宅を訪問して食事や入浴などを介助する身体介護、食事の準備や掃除・洗濯などを行う生活援助、医療的な管理やリハビリなどの訪問サービスを受けられます。

また、**デイサービスセンターなどに通ってサービスを受ける通所サービス、短期間施設に宿泊して受ける短期入所サービスもあります。**介護を受ける人にとっては外へ出て人と触れ合い、介護する人にとっては介護から離れてリフレッシュする機会にもなります。介護環境を整えるための福祉用具のレンタルや販売、住宅改修費用の補塡もあります。こうしたサービスを、ケアプランにより組み合わせて活用します。

■施設に入って受けるサービスもある

在宅介護が難しい場合、施設に入居して介護を受けられます（施設サービス）。介護保険により入居できる施設には、右ページ下の種類があり、受けられるサービスの内容やリハビリの必要性などで選びます。介護保険の対象施設のため、有料老人ホームなどとくらべて費用は安くすみます。その他、民間の施設に入居して介護保険サービスを受けるタイプもあります。

知っ得メモ **地域密着型サービス**　介護保険サービスのうち、市区町村が原則としてその市区町村に住む人のために実施するもの。認知症の人に特化したサービスなどがある。

介護保険サービスの種類をチェック

		内容	主なサービス
居宅サービス	**自宅で受ける**（訪問サービス）	● 食事や排せつ、入浴、歩行、通院などの介助。 ● 掃除、洗濯、調理などの生活援助（本人のためのもの）。 ● 健康チェックや指導、リハビリ、点滴やたんの吸引などの看護。	・訪問介護 ・訪問入浴介護 ・訪問看護 ・訪問リハビリテーション など
	自宅から通って受ける（通所サービス、短期入所サービス）	● デイサービスセンターなどに通ったり宿泊して受ける、介護やリハビリ、生活支援など。	・通所介護 ・通所リハビリテーション ・短期入所療養介護 ・短期入所生活介護 など
	自宅の介護環境を整える	● 手すりの設置など住宅改修の費用補助。 ● 介護で使用する福祉用具のレンタルや販売。	・住宅改修 ・福祉用具貸与／販売
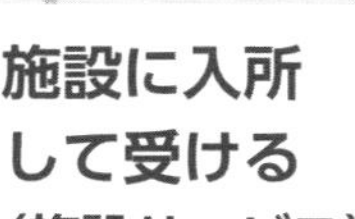 **施設に入所して受ける**（施設サービス）		● 介護保険の対象施設に入所して受ける、介護やリハビリ、医療や看護、生活支援など。	・介護老人福祉施設（特別養護老人ホーム） ・介護老人保健施設 ・介護医療院

介護保険の費用負担

所得などによって 費用の1～3割を支払う

まとめ 介護保険サービスを受けた際の自己負担は、所得などにより費用の1～3割。そのほかに、負担軽減のための制度が設けられている。

■ 1か月ごとにサービス費用の上限あり

介護保険のサービスを利用した場合、その費用の自己負担割合は利用者の所得などによって1～3割です（→右ページ）。サービスを利用したときに、この自己負担分を支払います。福祉用具の購入費や住宅改修費はいったん全額を支払った後、請求により払い戻しを受けます。

また居宅サービスには、要介護状態によって１か月の支給限度額が決められています（→ 188 ページ）。支給限度額を超えた分は全額自己負担です。ケアプランの作成時には、支給限度額を超えないように注意します。施設サービスには支給限度額は設けられていません。

■ 一定以上の自己負担分は払い戻される

自己負担は１～３割とはいえ、それでも介護費用は高額になってしまうことがあります。**そこで自己負担には月ごとの上限が設けられており、上限を超えた分は高額介護サービス費として払い戻しを受けられます。**上限の金額は、利用者または同じ世帯の合計所得金額により、右ページのように決められています。

さらに、１年間にかかった介護サービス費と医療費の自己負担分の合計額にも上限があり、世帯で限度額以上になる場合には払い戻しを受けられます（高額医療・高額介護合算制度）*。

知っ得メモ **補足給付** 施設サービスで低所得者の負担を軽減するための給付。世帯全員が住民税非課税などの条件から１日当たりの食費や居住費の負担限度額が設けられ、差額が支給される。

＊高額介護サービス費や医療費の高額療養費の適用金額分は除く。

所得が低いほど負担は軽くなる

介護保険サービスの自己負担割合の判定

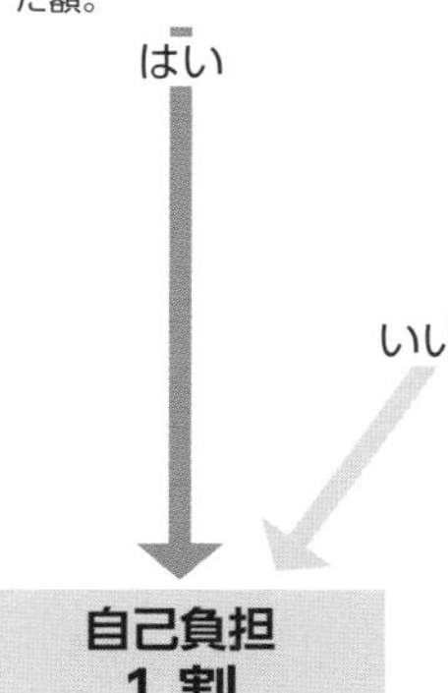

合計所得金額
160 万円 * 未満
＊合計所得金額は、年金や給与などの合計。年金は公的年金等控除、給与は給与所得控除を差し引いた額。
はい
自己負担
1 割
合計所得金額
160 万円以上
220 万円未満
はい
年金収入とそれ以外の所得の合計が 280 万円以上（65 歳以上が 2 人以上の世帯は 346 万円以上）。
いいえ
はい
自己負担
2 割
合計所得金額
220 万円以上
はい
年金収入とそれ以外の所得の合計が 340 万円以上（65 歳以上が 2 人以上の世帯は 463 万円以上）。
いいえ
はい
自己負担
3 割

注・第 2 号被保険者（65 歳未満）、住民税非課税、生活保護受給者は 1 割。

自己負担の上限月額（高額介護サービス費）

所得区分	自己負担上限月額（世帯の合計）
課税所得 690万円以上	14万100円
課税所得380万円以上 690万円未満	9万3000円
課税所得 380万円未満	4万4400円
住民税非課税	2万4600円*

＊年金収入とその他の合計所得金額が 80 万円以下なら個人ごとに 1 万 5000 円。 生活保護の受給者などは 1 万 5000 円（世帯）。

PICK UP

もしものときの「成年後見制度」を知っておく

成年後見制度は高齢者を支える制度の１つ。
後見人などを指定して、判断能力が衰えた人を保護・支援する。

■本人に代わって契約や手続きを行う

成年後見制度は、認知症などで判断能力が衰えた人を保護・支援するための制度です。**選任された後見人などが、医療や介護保険サービスなどの契約や手続きの代行（身上監護（しんじょうかんご））、さらに預貯金や収入・支出の管理（財産管理）などを行います。**

すでに判断能力が衰えている人のための法定後見制度、将来に備えて任意後見人を選んでおく任意後見制度の２つがあります。

後見人に選ばれるのは家族や親族が一般的ですが、重大な責任がともなうため、家庭裁判所への申し立てによる審判の手続きが必要です。家庭裁判所の判断により、弁護士などの専門家が選ばれることもあります。

■できることとできないことがある

後見人は、本人に代わって必要な契約や各種手続きを行ったり、財産の管理を行ったりします。本人が結んでしまった悪質な契約を取り消すこともできます。ただし、食事の世話や実際の介護などは対象外です。また、財産については守ることが目的であり、他の親族に貸し付けや贈与をしたり、株式などで運用したりすることはできません。

制度の利用を検討するときは、最寄りの地域包括支援センターや社会福祉協議会などに相談します。

知っ得メモ　**日常生活自立支援事業**　成年後見制度を使うほどではないが、判断能力が不十分な人のために、通帳の預かりや契約や手続きなどを代行するしくみ。社会福祉協議会が運営する。

成年後見制度の内容と役割

成年後見制度

法定後見制度

すでに判断能力が不十分な人の保護と支援を行う。

後見▶▶本人の判断能力が欠けているのが通常の場合
- 後見人がすべての財産管理や身上監護を行う。

保佐▶▶本人の判断能力が著しく不十分な場合
- 保佐人が、重要な事項について財産管理や身上監護を行う。

補助▶▶本人の判断能力が不十分な場合
- 補助人が、一部の事項について財産管理や身上監護を行う。

任意後見制度

将来判断能力が不十分になったときに備えて、
任意後見人を選ぶ。
- 任意後見人は、契約で定めた範囲の身上監護や財産管理を行う。

後見人などができること／できないこと

○できる

身上監護

本人の契約や手続きを代行する。
- 医療や介護に関する契約や手続き
- 施設の入退所に関する契約
- 自宅など不動産に関する契約（処分等には裁判所の許可が必要）

など

財産管理

本人の財産の内容を把握して管理する。
- 預貯金の管理
- 収入や支出の管理
- 株式など金融商品の管理　など

△できない

- 日常的な買い物
- 食事の世話やトイレ、入浴などの介助
- 医療行為への同意
- 離婚や養子縁組などの代理
- 遺言

など

COLUMN

ヘルパーにはなんでも頼めるわけではない

介護保険を利用してヘルパーに来てもらい、自宅でサービスを受ける場合（訪問介護）、頼める内容は決まっています。

ヘルパーが行うのは、利用者本人に対する日常生活の援助です。他の家族にかかわることや日常生活の援助といえないことは頼めません。たとえば、家族全員の食事づくり、ペットの世話や散歩、留守番、庭の草むしりなどです。原則として医療行為になることも頼めません（訪問看護という別のサービスを利用する）。

また当然ですが、ケアプランで決められたこと以外は業務の対象外です。

ただし、その範囲は市区町村により若干異なる場合もあるので、事前に確認します。どうしてもこうした内容を依頼したいときは、介護保険ではなく、別途自費により業者などを探しましょう。

こんなことは頼めない

利用者本人への援助ではないこと

来客への応対、本人以外のための家事、家族全員の食事づくり、など。

日常生活に支障がないと思われること

ペットの世話や散歩、草むしり、庭やベランダの掃除、留守番、など。

日常の家事の範囲を超えること

大掃除、正月の準備、部屋の模様替え、お金や貴重品の取り扱いや管理、など。

大部分の医療行為

床ずれの処置、食事療法の指導、インスリンの注射、など。

第6章
相続の基本知識と手続き

INDEX

相続の基本

円滑な相続に向けて早くから備える

まとめ いざというときに備えて、家族の話し合いが大切。財産リストや遺言書もつくっておきたい。

■相続はトラブルになりがち

相続とは、ある人が亡くなることで生じる「財産の引き継ぎ」です。相続人が複数いればその財産を分けることになり、財産の総額が基礎控除（→212ページ）を超える場合は相続税がかかります。平成27年に基礎控除が引き下げられたため、相続税の対象となる人は増えています。

また、相続はお金がかかわることでありトラブルになりがちです。遺産分割をめぐって、毎年1万件を超える紛争が起きています。**相続とそれにまつわるトラブルは、決して他人事ではありません。**

■家族で備えておきたい

相続に備えるためには、親が元気なうちに財産や遺産分割について、兄弟姉妹など家族の間で話し合っておくことが重要です。このとき、財産に相続税がかかるかどうか、かかると思われる場合はどんな節税が可能かについても検討しておきましょう。

親などが亡くなったときはさまざまな手続きと並行して、相続についての手続きも進めていくことになります。**どんな作業が必要になるのか事前に確認しておきましょう。**

できれば、親には財産リストや遺言書をつくっておいてもらうと、相続手続きはスムーズになります。

知っ得メモ **財産リストのつくり方**　決まりはないが、不動産、金融資産など種類ごとにまとめて、財産を特定でき、誰が見てもわかるように作成すること。借金の記載も忘れない。

相続について考えておく

相続は他人事ではない

- **亡くなった人（被相続人）のうち、**
  相続税を課税された人の割合 ……………… **9.6%**

- **被相続人１人当たりの税額**
  ・１年間の相続税の総額を被相続人の数で割った金額 …… **1855万円**

「令和４年分 相続税の申告事績の概要」（国税庁）

- **遺産分割事件の件数**
  ・家庭裁判所が受けた遺産分割事件
  （家事審判・調停）の件数 ……………… **1万2981件**

「令和４年司法統計年報（家事編）」（最高裁判所）

相続のために備えるポイント

財産を把握する	財産リストを作成したうえで、相続税がどれくらいになるか確認する。
節税を考える	税負担を下げる工夫をしておく。財産の評価額を下げる、財産を生前贈与する、さまざまな特例を活用するなど。
トラブルを予防する	家族で話し合って公平な遺産分割を検討する。本人の意思を明確にするため遺言書をつくるとよい。

相続の手続き

相続に関する手続きは計画的に行う

まとめ 相続に関する調査や手続きは、煩雑で時間がかかるものも多い。相続人全員が協力して計画的に進める。

■相続税の申告期限から逆算する

いざ相続となったときは、計画的に手続きなどを進めることが大切です。**相続税の申告には「相続開始の翌日から10か月以内」という期限があるためです。そのほか、期限のある手続きを確認しておきましょう。**

まず、遺言書の有無を調べます。自筆の遺言なら、原則として家庭裁判所で検認を受ける必要があります（→222ページ）。

財産の内容については、財産リストがつくられていればそのチェックを行いますが、なければ亡くなった人の自宅などをくまなく調べて、すべての財産をあきらかにします。**プラスの財産より借金などマイナスの財産のほうが多い場合、相続を放棄する（相続放棄）か、マイナスの財産と相殺できる範囲での相続を選べます（限定承認）。**ただし、相続開始から3か月以内に家庭裁判所に申し立てが必要です。相続税がかかるかどうかも確認します。

■遺産分割について話し合う

遺産分割は遺言書があれば比較的スムーズですが、**遺言書がなかったり、その内容に納得できない相続人がいたりする場合、遺産分割協議が必要です。**相続人全員の合意には時間がかかる場合もあります。協議がまとまらなければ、家庭裁判所に申し立てをして、調停・審判を受けます。

遺産分割協議が完了した後、相続税がかかる場合には申告・納税します。

知っ得メモ **法定相続情報証明制度** 法務局に「法定相続情報一覧図」を提出して、戸籍関係書類の内容を証明してもらう制度。この書類は相続に関する手続きで戸籍関連書類の提出に代えられる。

相続手続きのスケジュール

相続開始（通常被相続人が亡くなった日）

7日以内

死亡届を提出する

- 葬儀や告別式を行う。
- 死亡にかかわる各種届け出や手続きを行う（→ 202 ページ）。

遺言書の有無を確認する

- 自筆証書遺言なら、原則として家庭裁判所の検認が必要。

すべての相続財産や債務を明確にする

- 相続財産に関する資料などを探す、財産リストを作成するなど。

相続人を確定させる

- 相続人、被相続人の戸籍を集める。

3か月以内

相続するかどうかを決める

- 相続放棄や限定承認を選べる。

4か月以内

所得税の準確定申告を行う

- 被相続人の亡くなった年の確定申告が必要な場合。

遺産分割協議を行う（→ 208 ページ）

- 遺言書がない場合など。
- 協議がまとまらない場合、家庭裁判所の調停や審判を受ける。

相続した財産の名義変更などを行う

10か月以内

相続税の申告・納付を行う

- 相続財産の金額が基礎控除を超える場合。

3年以内

相続登記を行う（→ 22 ページ）

10か月後の申告期限から逆算してスケジュールを立てましょう！

PICK UP

家族が亡くなったときの手続きリスト

相続以外にも、さまざまな手続きなどを並行して行うことになる。効率的に進めることを考える。

■ 1つひとつ着実に進める

家族が亡くなったとき、遺族はさまざまな手続きを行わなければなりません。まず、亡くなった日から7日以内に、死亡診断書とともに死亡届を市区町村役場へ提出します。死亡届の提出により住民票の抹消手続きが行われ、火葬、埋葬許可証が交付されます。加入していた公的医療保険には、14日以内に死亡の届け出などを行います。

年金受給者だった場合は、年金事務所などに死亡の届け出や未支給年金の請求などをします。遺族が遺族年金の対象なら請求手続きも行います。

その後、亡くなった人に一定の所得があれば、4か月以内に準確定申告が必要です。なお、亡くなった人の預貯金口座は、遺産分割の内容が確定するまで勝手に引き出せなくなります*。

こうした手続きはリストなどにまとめて、できるだけ無駄のないよう1つひとつチェックしながら効率的に進めます。

これも知っておこう

葬儀の形は人によりさまざま

通夜や葬儀については葬儀会社と相談しながら、亡くなった人や家族の希望、予算などにより内容を決めます。葬儀の内容は時代とともに、シンプルな形式のものや、宗教にとらわれない自由なスタイルも増えています。死亡届など一定の手続きは、葬儀会社に代行してもらえます。なお、葬儀に関する費用は、相続税の計算の際、相続財産から差し引けます。

＊当座の必要資金として、預貯金額の1/3×その相続人の法定相続分の払い戻しはできる(上限150万円)。

死亡にかかわる主な手続き

市区町村役場への手続き

	いつまで（亡くなった日から）	備考
□ 死亡届	7日以内	
□ 火葬（埋葬）許可申請書	7日以内	死亡届と合わせて提出する。
□ 世帯主変更届	14日以内	亡くなったのが世帯主の場合。
□ 国民健康保険資格喪失届	14日以内	健康保険証を返却する。後期高齢者医療制度は不要。
□ 介護保険資格喪失届	14日以内	
□ 葬祭費の請求	葬儀の翌日から2年以内	

注意！

会社に勤めていた場合は勤務先や健康保険組合などへ資格喪失届を提出して健康保険証を返却。埋葬料を請求する。

年金事務所などへの手続き（年金受給者の場合）

	いつまで（亡くなった日から）	備考
□ 受給権者死亡届	すみやかに	
□ 未支給年金の請求	すみやかに	受給権者死亡届の提出と一緒に行う→104ページ。
□ 遺族年金の請求	すみやかに	もらえる場合→92ページ。

その他の手続き

	いつまで（亡くなった日から）	備考
□ 公共料金の名義、口座変更	すみやかに	電気、ガス、水道の各窓口へ。
□ 死亡保険金の請求	すみやかに	生命保険会社へ。

相続人

財産を相続する人は法律で決まっている

まとめ　財産を相続できる「相続人」は、まず配偶者と子。子がいなければ、親や兄弟姉妹が相続人になる場合がある。

配偶者は必ず相続人となる

財産を引き継ぐ権利を持つ人を相続人（法定相続人）、亡くなった人を被相続人といいます。相続人の範囲は民法に定められています。**配偶者は必ず相続人となり、次に子や孫が優先的に相続人となります（第１順位）。**第１順位の人がいない場合に親や祖父母など（第２順位）、第２順位の人もいない場合に兄弟姉妹など（第３順位）が相続人となります。ただし、遺言などにより相続人でない人に財産を引き継ぐことができます（遺贈）。

相続人については、亡くなった人の出生から死亡までのすべての戸籍を集めて、隠れた相続人がいないか確認を行います。

法定相続分が遺産分割のめやす

相続人が相続財産をどれだけ相続できるかについても、民法に定められています（法定相続分）。遺産分割を行うときのめやすとなります。

相続人が配偶者と子なら、相続財産の 1/2 を配偶者、残りの 1/2 を子の数で均等に分割します。相続人が配偶者と親なら配偶者が 2/3、配偶者と兄弟姉妹なら配偶者が 3/4 を相続します（他の相続人の数で残りの割合を均等に分割する）。

ただし、必ずしも法定相続分通りに分割する必要はなく、遺言や相続人全員の合意により分割方法を決めることができます。

知っ得メモ　**代襲（だいしゅう）相続**　相続人になるはずの人が亡くなっている場合、その子や孫などが相続人になる。

法律で定められた相続人とその順位

法定相続分(配偶者がいる場合)

必ず相続人になる

配偶者

相続人が配偶者と子なら相続財産の1/2、配偶者と親なら2/3、配偶者と兄弟姉妹なら3/4。

第1順位 ▪▪▪ まず相続人になる。

子

子が亡くなっている場合は孫、孫も亡くなっている場合はひ孫。

第1順位の全員で相続財産の1/2。1/2をその人数で均等割り。

注意!

子の配偶者は相続人にならない。

第2順位 ▪▪▪ 第1順位の人がいない場合に相続人になる。

親

親が両方亡くなっている場合は祖父母、祖父母も両方亡くなっている場合は曽祖父母。

第2順位の全員で相続財産の1/3。1/3をその人数で均等割り。

第3順位 ▪▪▪ 第1、第2順位の人がいない場合に相続人になる。

兄弟姉妹

兄弟姉妹が亡くなっている場合はおい、めい。

第3順位の全員で相続財産の1/4。1/4をその人数で均等割り。

注意!

おい、めいの子は相続人にならない。

注・配偶者がいない場合の法定相続分は、全額を同順位の全員で均等割り。

遺留分、寄与分、特別受益

公平な相続のために特別なルールがある

まとめ 遺留分として一定の相続人には最低保証がある。寄与分、特別受益など公平な遺産分割のためのルールがある。

■遺留分は財産の 1/2 または 1/3

相続財産の分割のしかたは、遺言や遺産分割協議により決めることができます。ただし**一定の相続人には、遺留分（いりゅうぶん）として最低限の相続が保証されます。**相続人全員で相続財産の1/2が基本ですが、相続人が親だけなら1/3です（→右ページ）。なお、兄弟姉妹に遺留分はありません。

一部の人にかたよった相続や遺贈が行われたなど、相続人が遺留分を侵害された場合には、侵害した相手に遺留分に相当する金銭を請求できます（遺留分侵害額請求）。

■生前のやりとりや関係を考慮する

また、公平な遺産分割のために特別受益と寄与分があります。**特別受益とは、亡くなった人から生前に特定の相続人が受け取った財産です。**たとえば、事業資金や住宅取得の頭金、結婚の支度金などです。特別受益分は、相続財産に加えて遺産分割に反映させます。

生前に相続人が行った特別な貢献がある場合、この貢献は寄与分として金銭に換算して遺産分割に反映させます。特別な貢献とは、亡くなった人の介護に従事した、亡くなった人の借金を肩代わりした、などです。

また、相続人以外の親族が特別な貢献を行っていた場合、「特別寄与料」として相応の金額を相続人に請求できます。

知っ得メモ **寄与分の計算** 寄与分または特別寄与料の計算には明確な基準はないが、その貢献を第三者に依頼した場合の費用や従事した期間などから、話し合いによって決められる。

遺産分割で注意する3つのルール

遺留分 ■■■ 相続人*は、相続財産の一定割合を取得する権利がある。

＊兄弟姉妹を除く。

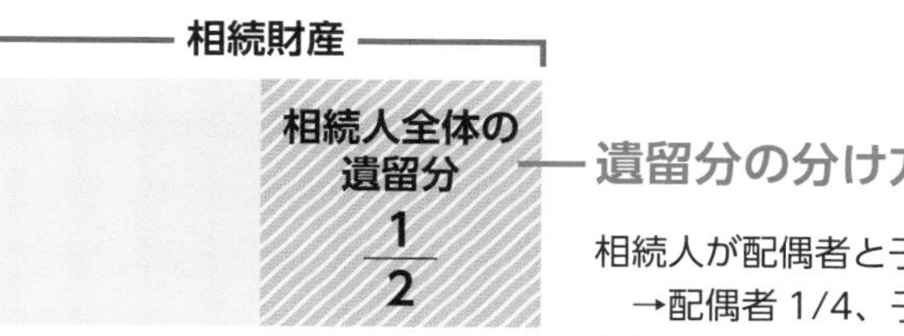

相続人が親のみなら 1/3

遺留分の分け方

相続人が配偶者と子
　→配偶者 1/4、子 1/4*
相続人が配偶者と親
　→配偶者 2/6、親 1/6*
相続人が子のみ
　→ 1/2 を子の数で均等に分ける

＊子や親が複数ならこの割合を均等に分ける。

特別受益 ■■■ 生前に受けた援助などを遺産分割に反映する。

- 結婚や養子縁組の支度金、住宅資金、独立開業資金、留学費用、など。
- 遺言により贈与された財産（遺贈）。

特別受益がある場合の相続分の計算

特別受益分を相続財産に加えて（持ち戻し）、各相続人の法定相続分を計算する。

特別受益を受けた人の法定相続分から、特別受益分を差し引く。

寄与分 ■■■ 被相続人への特別な貢献を遺産分割に反映する。

- 亡くなった人の事業をほぼ無償で手伝っていた。
- 亡くなった人の事業に資金を提供した、債務を肩代わりした。
- 亡くなった人の看護や介護を献身的に行った、など。

寄与分がある場合の相続分の計算

特別な貢献を金銭に換算して相続財産から差し引き、各相続人の法定相続分を計算する。

特別な貢献をした人の法定相続分に寄与分を加える。

遺産分割協議

相続人全員が参加して話し合う

まとめ **遺産分割協議とは、相続人全員で財産の分割方法を決めること。その内容は遺産分割協議書にまとめる。**

■ 全員の合意が必要になる

遺言書がない場合などでは、相続人の話し合いによって誰がどのように財産を相続するかを決めます。これを遺産分割協議といいます。**遺産分割協議を行う場合、相続人の全員参加が条件です。1人でも欠けていると協議は無効になります。**なお、電話やメールなどを使って協議することはかまいません。未成年者がいる場合は代理人などを決めます。認知症などの人がいる場合は成年後見人が必要です。また、令和4年4月に成年年齢が引き下げられたため、18歳から本人が参加できます。

遺産分割について相続人全員が合意すれば、協議は成立・完了します。**協議で決まった内容は通常遺産分割協議書にまとめ、全員が署名・押印します。**作成は義務ではありませんが、後日のトラブルを防ぐため、また不動産の移転登記や各種名義変更の必要書類となるため、作成したほうがよいでしょう。

■ 不動産の相続には工夫も必要

遺産分割は法定相続分を基準にして、公平を心がけます。特別受益や寄与分への配慮も必要です。

財産の大半が不動産の場合には、その不動産を売却して代金を分割する（換価分割）、不動産を相続する人が他の相続人にそれに見合った現金を支払う（代償分割）など、分割方法の工夫が必要です。

知っ得メモ **包括受遺者** 財産を遺贈された人のうち、具体的な財産ではなく、割合などで遺贈を示された人。遺産分割協議に参加する必要がある。

遺産分割協議書作成のポイント

▼ 遺産分割協議書の例

遺産分割協議書

令和○年○月○日に死亡した、被相続人・松田良夫の相続人・松田陽子、松田一郎、松田次郎は、遺産分割の協議を行い、下記の通り相続財産を分割、取得することを決定した。

（→誰が被相続人で、誰と誰が相続人なのかを明記する。）

1　相続人・松田陽子は、以下の財産を取得する。
（土地）
所　在　東京都練馬区豊玉北○丁目
地　番　○番
地　目　宅地
地　積　200.45 平方メートル
（建物）
所　在　東京都練馬区豊玉北○丁目○番
家屋番号　○番
種　類　居宅
構　造　木造スレート葺 2 階建
床面積　1 階　85.00 平方メートル　2 階　45.00 平方メートル

2　相続人・松田一郎は、以下の財産を取得する。
預貯金　三星銀行練馬支店　普通預金　口座番号 1111111　口座名義○○○○

3　相続人・松田次郎は、上記 1、2 に記載以外の被相続人の全ての遺産を取得する。
後日判明した遺産についても相続人・松田次郎が取得する。

（→それぞれの相続人が取得する財産を箇条書きにして、名称や数量を正確に記載する。不動産は登記事項証明書の表記の通りにする。）

以上の通り、相続人全員による遺産分割協議が成立したので、これを証明するために署名・押印の上本協議書を 3 通作成し、それぞれが保有する。

令和○年○月○日

（→協議が成立した年月日を入れる。）

相続人　住所　東京都練馬区豊玉北○丁目○番○号
松　田　陽　子　㊞
相続人　住所　東京都国立市北○丁目○番○号
松　田　一　郎　㊞
相続人　住所　埼玉県所沢市並木○丁目○番○号
松　田　次　郎　㊞

（→相続人全員が署名して実印により押印する。）

遺産分割協議書は、相続人全員が同じものを1部ずつ保管する。

POINT

相続税の申告や、預貯金、不動産、自動車などの名義を変更する際の必要書類となる。このとき、各相続人の印鑑証明書も必要。

作成は義務ではありませんが、不動産の名義変更などで必要になります。

相続財産の評価

相続財産はすべてお金に換算して合計する

まとめ 相続税を計算するには、すべての相続財産をお金に換算する必要がある。特に不動産の評価が重要になる。

■相続財産の範囲を確認する

亡くなった人が残した現金や預貯金、不動産、株式など、**お金に換算できるものは原則としてすべて相続財産です。**

相続税の計算をするためには、その価値を金銭に「評価」する必要があります。評価方法は財産ごとに決まっています。

不動産（宅地）の場合、道路ごとに定められた路線価により計算する「路線価方式」、路線価がない宅地には固定資産税評価額に一定の倍率を掛けて計算する「倍率方式」が用いられます。ただし、その広さだけでなく、土地の形や立地、利用状況（貸しているかどうかなど）によっても評価が変わります。

■相続財産から差し引くものもある

相続税の計算では、亡くなった人の死亡保険金や死亡退職金も相続財産として扱います（みなし相続財産。一部は非課税財産となる）。また、相続開始前３～７年*以内に行われた贈与分は相続財産の一部として合計します。亡くなった人の残した借金などの債務は相続財産から差し引きます。

その他、相続財産からは、墓地、墓石、仏壇・仏具、神棚・神具など、葬儀費用、死亡保険金の一定部分（法定相続人の数× 500 万円)、死亡退職金の一定部分（法定相続人の数× 500 万円）を差し引くことができます。

知っ得メモ **路線価の調べ方**　相続した不動産の路線価は、税務署で調べられるほか、国税庁ホームページ「財産評価基準書路線価図・評価倍率表（https://www.rosenka.nta.go.jp)」で確認できる。

＊令和６年以降の贈与財産については７年（令和９年の相続から影響が始まる)。

主な相続財産の評価方法

区分	財産	評価方法
不動産	土地（路線価のある宅地）	路線価×宅地面積×補正率
	土地（路線価のない宅地）	固定資産税評価額×倍率
	建物	固定資産税評価額
金融資産	現金、預貯金	相続開始日時点の残高
	上場株式	次のうち、最も低い金額。①相続開始日の終値、②相続開始日の属する月の終値の平均額、③相続開始日の属する月の前月の終値の平均額、④相続開始日の属する月の前々月の終値の平均額
その他の財産（家財、自動車など）		実際に市場で取引される価格など
生前贈与財産		贈与されたときの価格

POINT
第三者に貸している土地や建物は、貸宅地、貸家建付地などとして、一定の借地権割合や借家権割合分を差し引ける。

相続財産から除くもの

区分	財産	評価方法
マイナスの財産	債務、未払金など	相続開始日時点の残高
非課税財産	死亡保険金、死亡退職金の一定部分	相続人の受取金額のうち、法定相続人の数× 500 万円

相続税の計算

基礎控除を超える財産に課税される

まとめ 基礎控除を差し引いた金額に対する税額を、実際に相続した人全員で負担する。なお、個別に税額控除などを受けられる。

法定相続分により総額を計算する

相続税の税率は10～55％で、相続財産の金額が大きいほど税率は高くなります。**遺産分割のしかたで税額が変わったりしないよう、相続税の計算は次の手順で行います。**

まず評価による相続財産の合計から、相続人の数による基礎控除を差し引いて課税遺産総額を計算します。基礎控除のほうが多い場合相続税はかからず、申告も不要です。次に、課税遺産総額を相続人の法定相続分により分割して、それぞれの相続税を計算します。この合計が相続税の総額です。この相続税の総額を実際の相続割合で按分（あんぶん）して、各相続人が相続税を納めます。

条件によって税額控除を受けられる

相続税には税額控除があり、条件に当てはまる場合、その相続人の税額から一定額を差し引くことができます。配偶者が無条件に受けられる配偶者の税額軽減（法定相続分または1億6000万円まで非課税）、18歳未満の相続人が受けられる未成年者控除（18歳になるまでの年数×10万円を差し引ける）、85歳未満の障害のある相続人が受けられる障害者控除（85歳になるまでの年数×10万円を差し引ける）などがあります。

また、相続人が配偶者、子（代襲相続人の孫を含む）、親以外の場合、税額が2割増しとなります（相続税の2割加算）。

知っ得メモ **相次相続控除** 税額控除の1つ。相続が発生してから10年以内に次の相続が生じた場合、2回目の相続で、前回納めた相続税の一定部分を差し引くことができる。

相続税額はこう計算する

1 相続財産から基礎控除を差し引く（課税遺産総額の計算）

相続財産の合計		基礎控除額		課税遺産総額
円	－	円	＝	円

3000万円＋600万円×相続人の数

2 相続税の総額を計算する

各相続人の法定相続分による税額を出す

注・仮に相続人は2人とする（相続人A、相続人B）。

課税遺産総額		法定相続分		
円	×	相続人A	＝	相続人A 円
		相続人B	＝	相続人B 円

		税率		法定相続分による税額
相続人A 円	×		＝	相続人A 円
相続人B 円	×		＝	相続人B 円

相続税の速算表の税率を掛けて控除額を差し引く（→233ページ）

この税額を合計する

相続税の総額

円

3 相続人が実際に負担する税額を計算する

相続税の総額		実際の相続割合		実際の相続税額
円	×	相続人A	＝	相続人A 円
		相続人B	＝	相続人B 円

各相続人が相続する財産額÷相続財産の総額

相続人ごとに該当する税額控除を差し引き、加算額を加える

相続税の申告

申告は期限厳守、税金は一括で納める

まとめ 相続税の申告期限は相続開始の翌日から 10 か月。相続人全員が協力して、期限までに申告する。

■亡くなった人の住所地を管轄する税務署へ

相続税の申告・納付の期限は相続開始*の翌日から 10 か月です。それまでに遺産分割の内容を決めて、亡くなった人の住所地を管轄する税務署に申告書を提出します。郵送による提出も可能です。申告書は 1 通にまとめますが、個別の申告もできます。納付は、それぞれの相続人が現金で一括納付します（原則）。相続人の 1 人がまとめて納付すると、他の相続人に対する贈与となるため要注意です。

申告期限に遅れた場合には、その日数に対して延滞税のほか、無申告加算税などがかかります。期限までに一括納付ができない場合、分割による延納という方法がありますが、正当な理由があって税務署に認められる必要があります。

■相続人全員が記名する

相続税の申告書は、第 1 表から第 15 表まであります。財産の内容や適用を受ける税額控除、加算額により必要なものを使い、最終的に第 1 表でまとめます。**申告書には相続人全員の記名とマイナンバーが必要です。**書類の種類や数が多くなりがちなので、もれに注意します。

申告後に評価の間違いに気づいた、新たな財産が見つかったといった場合には、修正申告または更正の請求を行います。

知っ得メモ **申告は自分たちでもできる？** 相続税の申告は一定の税金知識があり、相続内容がシンプルなら自分たちでもできる。ただし、一般的には税理士に依頼するのが無難。

＊通常被相続人が亡くなった日。または相続開始を知った日。

相続税の申告書と必要書類

▼ 相続税の申告書（第1表）

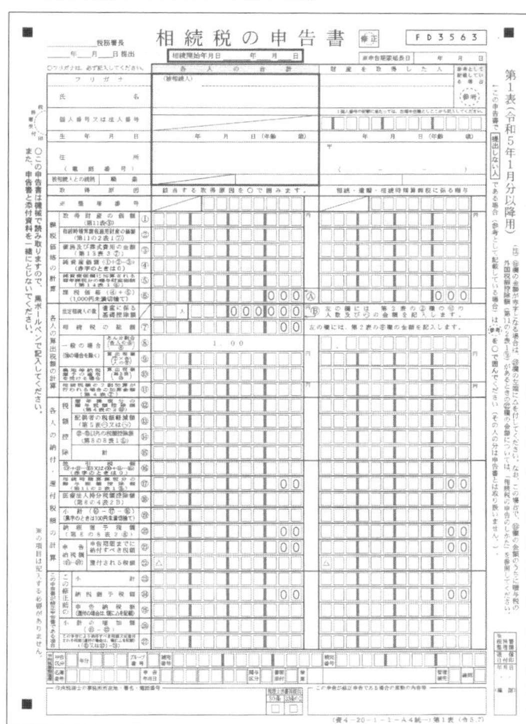

相続税の申告書 修正 FD3563

第1表（令和5年1月分以降用）

申告書作成の流れ

第4～第15表

該当する相続財産の内容や適用を受ける特例や税額控除について、計算・記入する。

▼

第2表

法定相続分に基づいた相続税の総額を計算・記入する。

▼

第1表

第2～第15表をもとに、各相続人の相続財産の内訳を記入して税額を計算する。

注・第3表は農地を引き継ぐ人（農業相続人）がいる場合に使用する。

申告の必要書類（主なもの）

- □ 亡くなった人の出生から死亡まですべての戸籍謄本（写し）
- □ 相続人全員の戸籍謄本（写し）または法定相続情報一覧図（写し）
- □ 遺言書または遺産分割協議書
  - ・相続人全員の印鑑証明書も必要。
- □ マイナンバーカードのコピー（表と裏）
  - ・マイナンバーカードがない場合、通知カード*のコピーか住民票（マイナンバーの記載があるもの）、身元確認書類のコピー（運転免許証、パスポート、健康保険証など）。
- □ 相続財産の評価に関する書類
- □ 特例の利用などで適用の資格を証明する書類

＊氏名、住所等が住民票の記載と一致する場合に限る。

節税ポイント

工夫次第で相続税は少なくできる

まとめ 相続税は生前からしっかりと対策すれば、負担を軽減できる可能性も。生命保険を活用すれば納税資金も準備できる。

■ 不動産なら評価額を下げられる

相続税への対策は生前から早めに講じておきましょう。親ばかりでなく自分自身の財産についても必要なことです。主な方法として、**生前贈与で財産を減らす、財産の評価額を下げる、非課税の財産を増やすという3つがあります。**

生前贈与で財産を減らすには、基礎控除の範囲で贈与を行うほか、贈与税の特例をうまく活用します（→ 220 ページ）。

相続税は財産の評価額で計算されるため、評価額が低いほど有利です。一般的に**不動産は現金よりも評価額が低いため、預貯金を不動産に変えることで評価額を下げることができます。**さらに、貸している不動産は評価額が下がります。ただし、不動産は維持するための費用などが必要になることも注意します。また、小規模宅地等の特例を利用すれば、不動産の評価額は大きく下げられます（→ 218 ページ）。

■ 非課税の財産を増やす

非課税の財産を増やす方法には、生前に相続財産とはならない墓地や墓石を購入しておくほか、生命保険の利用を考えます。**相続人が受け取る死亡保険金は「500 万円×法定相続人の数」まで非課税となり、相続税がかかりません。**生前に保険料を支払うと、その分財産が減り、支払われた死亡保険金は納税資金や代償分割*の資金に充てられます。

知っ得メモ **基礎控除を増やす** 養子を迎えることで基礎控除を増やすという方法もある。ただし、基礎控除額の計算に含める人数は実子がいる場合は１人、いない場合は２人まで。

＊特定の相続人が不動産を相続する代わりに、他の相続人にそれに見合う現金を支払うなど。

代表的な相続税の節税対策

生前贈与で財産を減らす

- 年110万円の基礎控除を活用する。
- 贈与税の各種特例を活用する。

財産の評価額を下げる

- 預貯金を不動産にする。
- 家や土地を人に貸す。
- 小規模宅地等の特例を利用する。

非課税財産を増やす

- 生命保険に加入する（死亡保険金は500万円×法定相続人の数まで非課税）。
- 墓地や墓石が必要な人は生前に購入する。

生命保険は相続に役立てられる

生前に保険料を支払うことで現金を減らせる。

死亡保険金は、500万円×法定相続人の数まで非課税になるので、その分相続税を減らせる。

相続財産に不動産が多い場合など、死亡保険金を納税資金や代償分割の資金として使える。

死亡保険金は受取人固有の財産であり、遺産分割の対象外。他の相続人と不公平にならないよう注意する。

小規模宅地等の特例

亡くなった人の自宅などは評価額を80％下げられる

まとめ 亡くなった人の自宅などを相続して、そのまま住み続ける場合など、小規模宅地等の特例により評価額を大きく下げられる。

■評価額を80％下げられる

小規模宅地等の特例とは、高額な相続税のために生活や収入の基盤である不動産を手放さざるを得ないという事態を防ぐため、一定の土地の評価額を大きく下げられる特例です。

亡くなった人の自宅の土地を配偶者や親族が相続する場合、一定条件を満たせば、特定居住用宅地としてその土地の評価額を80％減額できます。ただし、対象となる宅地面積は330㎡が上限です。

相続人が亡くなった人の事業を引き継ぐ場合、その土地は特定事業用宅地として80％減額、事業が賃貸アパートや貸駐車場なら、貸付事業用宅地として50％減額できます（いずれも宅地面積に上限あり）。

■配偶者以外が相続する場合に注意

特定居住用宅地の場合、相続するのが配偶者であれば、適用に引き続き居住するなどの条件はありません。相続するのが配偶者以外の同居親族なら、その家にそのまま住み続けることが条件です。さらに、現在別に暮らしている親族が相続する場合には、右ページのような詳細な条件が加わります。

特例の適用を受けるには、遺産分割協議が終了していて土地を相続する人が決まっていることも必要です。相続税の申告時に、特例を利用する旨を申告書に記入します。特例により税額がゼロになる場合も申告します。

知っ得メモ **特定同族会社事業用宅地** 亡くなった人や亡くなった人と生計を一にしていた親族が株式の過半数を持つ会社の事業で使われていた土地。特定事業用宅地と同様に軽減される。

特定居住用宅地の軽減内容と適用条件

特定居住用宅地

- 亡くなった人が住んでいた土地
- 亡くなった人と生計を一にしていた親族が住んでいた土地

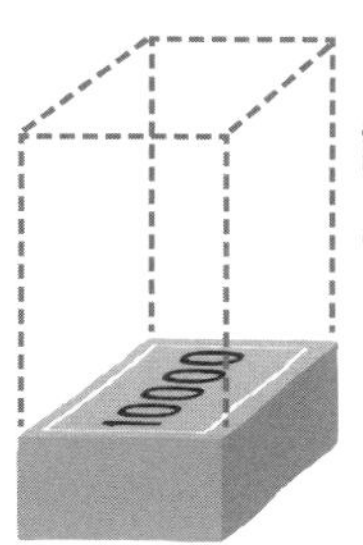

評価額が
80%減
(330㎡まで)

主な適用の条件

亡くなった人の配偶者が相続する場合

□ 無条件で適用を受けられる。

同居していた親族が相続する場合

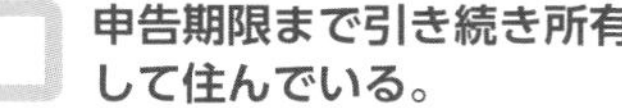

□ 申告期限まで引き続き所有して住んでいる。

別のところに住んでいた親族が相続する場合

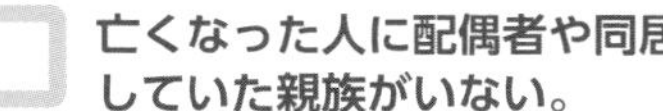

□ 亡くなった人に配偶者や同居していた親族がいない。

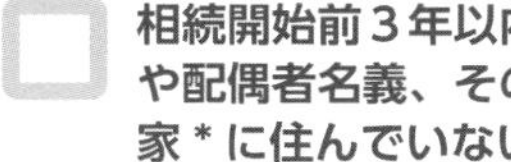

□ 相続開始前３年以内に、自分や配偶者名義、その他一定の家＊に住んでいない。

□ 申告期限まで引き続き所有している。

＊三親等内の親族や同族会社などが所有する家。

参考 特定事業用宅地は 400㎡まで評価額が 80%減、貸付事業用宅地は 200㎡まで評価額が 50%減となる。どちらも相続した人が事業を引き継ぎ（原則として相続開始前３年以内の事業開始は不可)、申告期限まで所有して、事業を継続していることが主な条件。

生前贈与に関する特例

特例を使えば 相続財産を減らせる

まとめ 生前贈与は相続対策として有効。特例などは、制度の内容や条件をよく調べて活用する。利用期限にも注意が必要。

■ 相続とのバランスに注意

生前に財産を贈与すれば、それだけ相続時の財産を減らせます。ただし、贈与税は相続税より税率が高くなる場合もあるため工夫が必要です。

まず、贈与には年110万円の基礎控除があり、1年に贈与する額が110万円以下なら贈与税はかかりません。そのため、**基礎控除以下の金額を少しずつ贈与する方法があります**。ただし、相続開始前3年以内の贈与は相続財産の一部になります*。早めの実践が大切です。

配偶者や子・孫などへの贈与には、右ページのような贈与税の特例があります。500万～2000万円といった大きな贈与を非課税にできる可能性があります。いずれも利用には贈与税の申告が必要です。遺産分割とのバランスを考えて、相続人の間で不公平にならないよう配慮します。特例によっては利用期限があるので注意しましょう。

■ 相続時精算課税制度も検討する

60歳以上の親・祖父母から18歳以上の子・孫への贈与なら、相続時精算課税制度を利用できます。**2500万円までの贈与が非課税となり、相続時にその分を相続財産に加えて相続税を計算するしくみです。**財産を早いうちに有効活用できることがポイントです。相続時に相続財産に加える金額は贈与したときの評価額となるため、その財産が値上がりしていれば有利になります。

知っ得メモ **改正に注目** 令和6年1月から相続時精算課税制度による贈与は、年110万円まで非課税となった。これまでより使いやすくなっているので、活用を検討してみよう。

＊この贈与で贈与税を納めている場合は、相続税から差し引ける。また、令和6年以降の贈与財産から7年以内となるため、令和9年以降の相続は加算期間が順次延長される（→22ページ）。

代表的な贈与税の特例

贈与税の配偶者控除

配偶者への自宅
またはその取得資金の贈与

▶ **2000 万円まで非課税**

主な条件

- 婚姻期間が 20 年以上。
- 贈与の翌年 3 月 15 日までに入居してその後も住む。

POINT

この贈与分は、相続開始前3年以内でも相続財産に含めない。

住宅取得等資金贈与の非課税特例

子や孫へのマイホーム購入資金の援助

▶ **1000万円*または500万円まで非課税**

＊一定の質の高い住宅などの場合。

利用期限は令和 8 年 12 月

主な条件

- 子や孫は 18 歳以上＊で、その年の所得が 2000 万円以下。
- 贈与の翌年 3 月 15 日までにその住宅に入居して住んでいる。
- 住宅の床面積は 40㎡以上 240㎡以下。

＊贈与の年の 1 月 1 日時点。

結婚・子育て資金一括贈与の非課税特例

子や孫への結婚・子育て資金の援助

▶ **1000万円*まで非課税**

＊結婚に関する金額は 300 万円。

利用期限は令和 7 年 3 月

主な条件

- 子や孫は 18 歳以上 50 歳未満で、所得が 1000 万円以下。

教育資金一括贈与の非課税特例

孫などへの教育資金の援助

▶ **1500万円*まで非課税**

＊学校等以外に支払われる場合は 500 万円。

利用期限は令和 8 年 3 月

主な条件

- 孫などは 30 歳未満＊で、所得が 1000 万円以下。

＊ 30 歳時点で在学中などの場合は、最長 40 歳まで延長できる。

注・結婚・子育て資金、教育資金一括贈与の非課税特例による贈与財産は、信託銀行などに一括で預け入れて、贈与を受けた人が必要に応じて払い戻す。契約期間終了、贈与者死亡による残高は、贈与税、相続税の対象となる場合あり。

遺言書

トラブルを予防するには遺言書を残すとよい

まとめ 遺言書をつくっておけば、遺産分割に自分の意思を反映でき、相続人間のトラブル防止にもなる。

■財産の分け方を自分で決められる

遺言とは、自分の財産を誰にどのように遺すかという意思表示です。遺言を文書にしたものが遺言書です。遺言書をつくることで、自分の意思により財産の分割方法を決めることができます。また、**本人の意思であれば相続人たちも納得しやすいため、遺産分割のトラブル防止にもつながります。**

■公証役場でつくる方法もある

遺言書は、自筆で作成するほか（自筆証書遺言）、公証役場で作成する公正証書遺言という方法もあります。自筆証書遺言は手軽につくれますが、第三者の目が通っていないため形式の不備や間違いなどが心配です。公正証書遺言ならそうした心配はありません。ただし、一定の手間と手数料がかかります（5000円～。財産の額が多いほど高くなる）。

その他、自ら作成してその存在を公証役場で証明してもらう秘密証書遺言もありますが、内容を秘密にできる以外のメリットが小さく、あまり利用されていません。

また、自筆証書遺言と秘密証書遺言の場合は、相続開始後、開封する前に家庭裁判所に申し立てをして、内容を確認・証明してもらう「検認」が必要となります。検認には1か月程度かかる場合があります。公正証書遺言なら検認は不要です（法務局保管の自筆証書遺言も検認不要）。

知っ得メモ **相続人の廃除**　特定の相続人から被相続人に対する暴行や虐待・侮辱、また著しい非行があった場合、家庭裁判所への申し立てにより相続人の権利を剥奪できる。

自筆証書遺言と公正証書遺言の比較

自筆証書遺言

原則として自筆により作成する遺言書。
作成後、法務局に預けることもできる。

メリット

- ほとんど費用がかからない。
- 1人でつくることができる。証人がいらない。
- 遺言書の内容や存在を他人に知られずにすむ。

デメリット

- 紛失したり、亡くなった後発見されないことがある。
- 第三者による隠匿（いんとく）や変造などの恐れがある。
- 書式の不備により無効となることがある。
- 家庭裁判所の検認*に時間がかかる。

*法務局に保管した場合は不要。

秘密証書遺言はメリットが小さく、あまり使われていません。

公正証書遺言

公証役場で公証人に遺言の内容を伝えて、
作成・保管してもらう遺言書。

メリット

- 形式の不備などが生じない。
- 第三者による隠匿や変造などの心配がない。
- 家庭裁判所の検認が不要。

デメリット

- 一定の手数料がかかる。
- 2人以上の証人が必要になる。
- 公証役場に行くなど手続きに手間がかかる。

PICK UP

遺言書の書き方・つくり方、保管のしかた

遺言書は、正確かつ必要な情報をもれなく記載することが必要。
特に自分でつくる自筆証書遺言では十分注意する。

公正証書遺言は公証人に作成してもらう

公正証書遺言は、公証役場で遺言内容を口頭で伝えることで公証人に作成してもらいます。作成には、財産目録や登記事項証明書、相続や遺贈する相手との関係を証明する戸籍謄本や相手の住民票など、必要な資料や書類をすべて提出します。

２人以上の証人（相続に利害のある人は不可）が立ち会い、内容を確認のうえ、本人、証人、公証人が署名・押印して完成です。

通常２部作成して、遺言をした本人と公証役場が１部ずつ保管します。

自筆証書遺言は法務局に預けられる

自筆証書遺言は自分の好きなときに作成できますが、財産目録を除きすべて自筆でなければなりません。必要な形式が守られていない（署名や押印がない、作成年月日がないなど）と無効になります。また、誤解を招く書き方や、意図が伝わりにくい表現がないよう気をつけます。

自筆証書遺言は、法務局（遺言書保管所）に預かってもらうこともできます（自筆証書遺言書保管制度）。自筆証書遺言のデメリットである、遺言書の紛失や第三者による破棄・改ざんなどを防げます。相続開始時の検認が不要になるのもメリットです。ただし、内容についてチェックを受けられるわけではありません。

知っ得メモ　**遺族への配慮**　法定相続分と大きく異なるときなど、遺言書には分割の意図を明確にしたり、家族へのメッセージを書いておく。遺族がその内容に納得できるよう配慮する。

自筆証書遺言の作成ポイント

遺　言　書

遺言者渡辺進一は以下の通り遺言する。

第1条
遺言者は、妻渡辺礼子（昭和22年○月○日生）に、遺言者の所有する以下の不動産と建物内の家具・什器一切を相続させる。

（土地）
所在　東京都大田区大森北○丁目
地番　2345番00
地目　宅地
地積　300㎡
（建物）
所在　東京都大田区大森北○丁目2345番00
家屋番号　2345番00
種類　居宅
構造　木造かわらぶき2階建て
床面積　1階70.5㎡　2階39.5㎡

第2条
遺言者は、長男渡辺学（昭和42年○月○日生・住所愛知県名古屋市西区八筋町○丁目○番○号）に、以下の預金および利息を相続させる。

すこやか銀行　大森支店　定期口座（番号00000000）

令和○年○月○日

東京都大田区大森北○丁目○番

渡辺進一　㊞

表題を入れる。

原則としてすべて自筆で書く。ただし、財産目録はパソコン作成や預貯金通帳のコピーなども可。

POINT

下記の保管制度を利用する場合は、A4サイズなど一定の書式のルールがある（法務省のホームページで確認）。

財産の表記は、箇条書きで誤解が生じないよう正確に書く。

作成年月日と本人の署名、押印は必須。

自筆証書遺言書保管制度の利用の流れ

生前

自筆証書遺言をつくり、法務局（遺言書保管所）* で保管を申請する。

* 住所地か本籍地、または所有する不動産の所在地を管轄している法務局。

- 預けた遺言書は本人のみ閲覧できる。

相続開始後

相続人などが遺言書の保管の有無を調べられる。遺言書の閲覧（内容の確認）や写しの請求ができる。

- 上記を行うことで、他の相続人などに遺言書保管が通知される。

COLUMN

財産管理を生前から家族に託せるしくみがある

家族信託とは、親などが持つ財産について所有はそのままで、子など信頼できる家族（受託者）に生前の信託契約により管理や処分をまかせるしくみです。本人の意思を反映させやすく、円滑に資産を引き継ぐ方法の１つです。家族に託すため、高額な報酬も必要ありません。

家族信託の活用メリットの１つに、親が認知症になったときにその財産を子などが管理して、親の生活のためなどに活用できることがあります。また、信託内容は契約により決められるため、柔軟な財産管理が可能になります。

ただし、受託者はその財産に大きな権限を持つことになります。事前にほかの家族との十分な話し合いが必要です。

財産の所有と管理・処分を分けることになるなど、契約は複雑になるため、家族信託の実践には必ず専門家の手を借りましょう。

家族信託のメリット

1 認知症などで、本人の判断能力が衰えたときも財産を動かせる

- 親が認知症になったときなど、財産の凍結を受けずにすむ。

2 柔軟な財産管理ができる

- 信託内容は契約で決められるため、後見人のような制約や負担、報酬がない。

3 亡くなった後の財産の管理について決めておける

- 本人が亡くなった後の財産の承継についても、契約で決めておくことができる。

巻末資料

INDEX

わが家の 定年後キャッシュフロー*シート

＊収入と支出の変化や貯蓄の増減。

記入のポイント

- 退職、冠婚葬祭、リフォーム、住み替え、旅行、大きな買い物（車など）の内容を、その時期の欄に記入する。

- 概算のため、金額は万円単位で。
- 年金や給与はできれば手取り額とする。
- 退職金など、一時的な収入は「その他の収入」欄に記入する。

- 「基本生活費」は、預貯金口座の記録などから計算する。内訳を調べて、無駄がないかチェックする。
- 住宅ローンが残っている場合は、「住居関連費」欄に記入する。
- 子の教育費などが残っている場合は項目をつくる。
- 上のライフイベントにかかる費用（見積もり額）は「その他の支出」欄に記入する。

- 収支がマイナスになる年はないか、貯蓄で補塡できる許容範囲か確認。

- 前年までの貯蓄残高に今年の収支を加えた金額。貯蓄残高は、医療費の増加や将来の介護費用の備えを含めても十分かチェックする。

		2024 令和6（現在）
家族の年齢	夫の年齢	歳
	妻の年齢	歳
	（子　　）の年齢	歳
	（子　　）の年齢	歳
ライフイベント	夫	
	妻	
	（子　　）	
	（子　　）	
収入	夫の収入	円
	妻の収入	円
	夫の年金	円
	妻の年金	円
	その他の収入	円
	収入合計 Ⓐ	円
支出	基本生活費	円
	住居関連費	円
	保険料	円
	（　　）費	円
	その他の支出	円
	支出合計 Ⓑ	円
1年間の収支Ⓐ－Ⓑ		円
貯蓄残高		円

					(年)
2025 令和 7 (1 年後)	2026 令和 8 (2 年後)	2027 令和 9 (3 年後)	2028 令和 10 (4 年後)	2029 令和 11 (5 年後)	2030 令和 12 (6 年後)
歳	歳	歳	歳	歳	歳
歳	歳	歳	歳	歳	歳
歳	歳	歳	歳	歳	歳
歳	歳	歳	歳	歳	歳
円	円	円	円	円	円
円	円	円	円	円	円
円	円	円	円	円	円
円	円	円	円	円	円
円	円	円	円	円	円
円	円	円	円	円	円
円	円	円	円	円	円
円	円	円	円	円	円
円	円	円	円	円	円
円	円	円	円	円	円
円	円	円	円	円	円
円	円	円	円	円	円
円	円	円	円	円	円
円	円	円	円	円	円

次ページへ続く▶

（年）

2031 令和 13 （7 年後）	2032 令和 14 （8 年後）	2033 令和 15 （9 年後）	2034 令和 16 （10 年後）	2035 令和 17 （11 年後）	2036 令和 18 （12 年後）
歳	歳	歳	歳	歳	歳
歳	歳	歳	歳	歳	歳
歳	歳	歳	歳	歳	歳
歳	歳	歳	歳	歳	歳
円	円	円	円	円	円
円	円	円	円	円	円
円	円	円	円	円	円
円	円	円	円	円	円
円	円	円	円	円	円
円	円	円	円	円	円
円	円	円	円	円	円
円	円	円	円	円	円
円	円	円	円	円	円
円	円	円	円	円	円
円	円	円	円	円	円
円	円	円	円	円	円
円	円	円	円	円	円
円	円	円	円	円	円
円	円	円	円	円	円

退職時の会社手続きチェック表

会社に返すもの

- □ 健康保険被保険者証
  - 退職後の健康保険等加入手続きに備え、コピーをとっておく。
- □ 社員証、制服、社員バッジ、IDカードなど
- □ 名刺（原則として自分の名刺、取引先などから受け取った名刺すべて）
- □ 仕事で作成した書類やデータ
- □ その他、会社から貸与されていたもの（携帯電話、パソコン、カギなど）

会社から受け取るもの

退職後のさまざまな手続きで必要になる。受け取り後は大切に保管する。

- □ 年金手帳
  - 会社保管の場合。事前に有無を確認しておく。
- □ 雇用保険被保険者証
  - 会社保管の場合。事前に有無を確認しておく。
- □ 離職票-1、離職票-2
  - 退職後、会社から送られてくる。退職理由などは事前に確認する。
- □ 健康保険資格喪失証明書
  - 国民健康保険に加入する場合の必要書類。会社に請求して受け取る。
- □ 退職所得の源泉徴収票
  - 退職後、会社から送られてくる。
- □ 給与所得の源泉徴収票
  - 退職後、会社から送られてくる。

会社に確認しておくこと

- □ 会社の健康保険脱退後の選択肢について（任意継続の内容）
- □ 退職金や企業年金の有無や支給内容について
- □ 退職時の住民税の納付方法について
- □ （もしあれば）社内積立や社内融資、団体保険などの扱いについて

注・いずれも主なもの。

お役立ち 税金計算早見表

贈与税の速算表

課税価格		税率		控除額		贈与税額
円	×		−	円	＝	円

一般税率

課税価格	税率	控除額
200万円以下	10%	−
200万円超　300万円以下	15%	10万円
300万円超　400万円以下	20%	25万円
400万円超　600万円以下	30%	65万円
600万円超 1000万円以下	40%	125万円
1000万円超 1500万円以下	45%	175万円
1500万円超 3000万円以下	50%	250万円
3000万円超	55%	400万円

特例税率

親や祖父母から18歳以上の子や孫への贈与の場合。

課税価格	税率	控除額
200万円以下	10%	−
200万円超　400万円以下	15%	10万円
400万円超　600万円以下	20%	30万円
600万円超 1000万円以下	30%	90万円
1000万円超 1500万円以下	40%	190万円
1500万円超 3000万円以下	45%	265万円
3000万円超 4500万円以下	50%	415万円
4500万円超	55%	640万円

相続税の速算表

各相続人ごと計算して合計する（相続税の総額）

法定相続分に応じた各相続人の取得金額 [円] × 税率  − 控除額 [円] ＝ 相続税額 [円]

各相続人の取得金額	税率	控除額
1000 万円以下	10%	−
1000 万円超 3000 万円以下	15%	50 万円
3000 万円超 5000 万円以下	20%	200 万円
5000 万円超 1 億円以下	30%	700 万円
1 億円超 2 億円以下	40%	1700 万円
2 億円超 3 億円以下	45%	2700 万円
3 億円超 6 億円以下	50%	4200 万円
6 億円超	55%	7200 万円

所得税の速算表

課税所得金額 [円] × 税率 [ ] − 控除額 [円] ＝ 所得税額 [円]

課税所得金額	税率	控除額
195 万円以下	5%	−
195 万円超　330 万円以下	10%	9 万 7500 円
330 万円超　695 万円以下	20%	42 万 7500 円
695 万円超　900 万円以下	23%	63 万 6000 円
900 万円超 1800 万円以下	33%	153 万 6000 円
1800 万円超 4000 万円以下	40%	279 万 6000 円
4000 万円超	45%	479 万 6000 円

さくいん

あ

か

さ

た

な

は

ま

や

ら

わ

● 監修者

株式会社 マネースマート

多様化する現代、人の人生、価値観もさまざまである中、大切なお金の考え方。
株式会社マネースマートは「MONEY“お金”」に「SMART“賢く”」を大切にしながら、ご相談やセミナー・執筆などを通して「マネーの専門家」として人生に寄り添った総合的な“生涯のパートナー”としてお手伝いしていきたい、そんな想いが込められております。
［事業内容］企業へのセミナー講師派遣、メディアへの取材協力、執筆等、個人向けファイナンシャルプランニング業、生命保険の募集に関する業務、損害保険の代理業。

● 本文デザイン　有限会社南雲デザイン
● イラスト　堀江篤史
● DTP　株式会社明昌堂
● 編集協力　株式会社オフィス201、横山渉、寺尾徳子
● 企画・編集　成美堂出版編集部

本書に関する最新情報は、下記のアドレスで確認することができます。
https://www.seibidoshuppan.co.jp/support/

※上記アドレスに掲載されていない箇所で、正誤についてお気づきの場合は、書名・発行日・質問事項・氏名・住所・FAX番号を明記の上、**成美堂出版**まで**郵送**または**FAX**でお問い合わせください。電話でのお問い合わせはお受けできません。
※本書の正誤に関するご質問以外にはお答えできません。
※ご質問の到着確認後、10日前後に、回答を普通郵便またはFAXで発送いたします。
※ご質問の受付期限は、2025年6月末到着分までといたします。

図解 いちばんやさしく丁寧に書いた 定年前後の本 '24～'25年版

2024年6月20日発行

監　修　株式会社マネースマート
発行者　深見公子
発行所　成美堂出版
〒162-8445　東京都新宿区新小川町1-7
電話(03)5206-8151　FAX(03)5206-8159
印　刷　株式会社フクイン

ISBN978-4-415-33418-9
落丁·乱丁などの不良本はお取り替えします
定価はカバーに表示してあります